写真で見る『トラ・トラ・トラ』男たちの真珠湾《パールハーバー》攻撃

日本軍の爆撃で爆発炎上する戦艦「アリゾナ」の断末魔。

カラーで見る トラ・トラ・トラ 爆発炎上するパールハーバー

転覆した戦艦「オクラホマ」と炎上する戦艦「メリーランド」。「メリーランド」はどうにか転覆は免れることができた。

皇国の興廃この一戦にあり

一九四一年（昭和十六）十二月七日午前六時（日本時間八日午前一時三十分）、ハワイ諸島オアフ島の北一九〇浬《かいり》に達した日本の南雲機動部隊（第一航空艦隊・南雲忠一《なぐもちゅういち》中将指揮）は、艦首を一斉に風上に向け、攻撃機の発艦を開始した。東北東の風は風速一三メートルを記録し、空母の飛行甲板は激しいうねりで上下動を繰り返していた。

しかし、旗艦の空母「赤城《あかぎ》」をはじめとする「加賀《かが》」「蒼龍《そうりゅう》」「飛龍《ひりゅう》」「翔鶴《しょうかく》」「瑞鶴《ずいかく》」の六隻の空母を発艦する第一次攻撃隊一八三機の戦闘機、急降下爆撃機、雷撃機、水平爆撃機はわずか十五分で発艦作業を終え、六時十五分、艦隊の上空を一周すると一路、オアフ島の真珠湾を目指した。

午前七時半すぎ、淵田美津雄《ふちだみつお》中佐を総指揮官とする水平爆撃隊四九機、雷撃隊四〇機、急降下爆撃隊五一機、制空隊（戦闘機）四三機からなる第一次攻撃隊はオアフ島の北端に達していた。

視界は良好で、雲の切れ目からは白い波に洗われる海岸線が目に入る。方向探知機からはホノルル放送の音楽が流れ、やがて気象放送が流

上の写真は淵田中佐が「全軍突撃せよ！」を発信した12月7日午前7時49分（ハワイ時間）ごろに撮影した真珠湾の全景。

れた。天気は半晴で北の風、風力は五メートルという。攻撃には絶好の気象である。舞い上がる敵の邀撃《ようげき》機の姿はない。奇襲は完全に成功だ。午前七時四十九分、淵田中佐は「全軍突撃せよ」のト連送を全機に発信、続いて七時五十二分、南雲忠一機動部隊指揮官に対して暗号電「トラ・トラ・トラ」を連送した。

「われ奇襲に成功せり」である。

攻撃隊は一斉に展開、それぞれの目標に向かって上空を駆け降りた。そして午前七時五十五分、高橋赫一《たかはしかくいち》少佐（「翔鶴」飛行隊長）指揮の急降下爆撃隊の一隊がヒッカム、フォードの両飛行場に二五〇キロ爆弾を投下、同時に坂本明《さかもとあきら》大尉（「瑞鶴」飛行分隊長）指揮の一隊もホイラー飛行場に急降下爆撃を加え、ここに攻撃の火ぶたが切っておとされた。本来、奇襲攻撃は雷撃隊が先陣を切ることになっていたのだが、急降下爆撃の艦爆隊指揮官が淵田隊長の攻撃開始の信号弾を、強襲と受け取り、先陣を切ってしまったのだった。

もうもうたる黒煙が吹き上げるなか、村《むら》田《た》重《しげ》治《はる》少佐（「赤城」飛行隊長）に率いられた雷撃隊はフォード島の艦艇泊地にいる巨艦に肉薄して魚雷を放ち、淵田中佐率いる水平爆撃隊も、高度三〇〇〇メートルから八〇〇キロの徹甲爆弾を戦艦群に降り注いだ。

建物すれすれの低空飛行でフォード島の米軍基地を攻撃する日本軍機。

左舷前部に魚雷1本を受けた戦艦「ネバダ」は、急遽、係留埠頭を離れて湾外脱出を図ったが、日本軍の急降下爆撃にさらされ、フォード島の南西端に座礁した。

呆然と戦艦「アリゾナ」の爆発を見守るフォード島基地の水兵たち。基地のカタリナ水上機も焼けただれている。

炎上する戦艦「ウェストバージニア」（手前左）と「テネシー」。

攻撃された艦艇やオイルタンクからは大量の重油が海面に流れ出し、バリバリと猛烈な勢いで炎を上げ、必死の消火作業も功を奏さなかった。

日本軍の第1次攻撃隊の空襲で爆発炎上する戦艦「アリゾナ」をはじめとするフォード島泊地の米戦艦群。

攻撃を受けた艦艇の中で最大の被害を受けた戦艦「アリゾナ」は、わずか9分足らずで艦は真っ二つに裂け、1460余人の乗組員とともに炎に包まれた。

爆発炎上する「アリゾナ」の炎に浮かび上がる戦艦群。

戦艦「カリフォルニア」も日本軍機に狙われ、
黒煙を噴き上げて炎上、沈没した。

もくじ

※引用文は旧字を新字にしたほかは、数字の表記等も原文のままとしました。

第1章　真珠湾奇襲構想

敵艦隊に対する航空攻撃の芽生え……………

米内光政《よないみつまさ》海相のもとで海軍次官を務めていた山本五十六《やまもといそろく》中将（当時）が、連合艦隊司令長官に就任したのは一九三九年（昭和十四）八月三十日であった。その山本が、日米が開戦した場合、ハワイ真珠湾の米太平洋艦隊を奇襲しようと考えはじめたのがいつの頃かはわからない。しかし、それを推測する一つの〝事件〟がある。

一九四〇年（昭和十五）三月、山本長官は昼間雷撃訓練の「連合艦隊飛行作業」を行った。実戦形式の訓練は、山本長官率いる第一戦隊（戦艦「長門《ながと》」「陸奥《むつ》」）と空母「蒼龍《そうりゅう》」に対し、第一航空戦隊司令官小沢《おざわ》治三郎《じさぶろう》少将（当時）が統一指揮する飛行機八一機が襲撃するという設定である。小沢の指揮する八一機は、艦上攻撃機が一八機、雷撃の双発陸上攻撃機が三六機、急降下爆撃を行う艦上爆撃機二七機という陣容だった。この小沢戦隊を「蒼龍」の艦上戦闘機二七機が迎撃するという訓練である。

連合艦隊司令長官山本五十六大将

小沢治三郎少将（のち中将）

訓練は実戦さながらの激しいものになった。そのとき、海軍大尉として山本長官が座乗する旗艦「長門」に乗り合わせていた戦史研究家の吉田俊雄《よしだとしお》氏（元海軍中佐）は書いている。

「それはもう、猛烈な台風にまともにとびこんだようなものだった。不吉な、としか言いようのない唸りが大きくなると、まもなく、あちこちから翼長二五メートルの大型機（陸攻）のむれが突っこんでくる。急角度で高度を下げ、つぎつぎに海面近く舞いおり、魚雷投下。それが気味悪い白い飛沫をあげて海中に消えるときには、飛行機はエンジン全開で、空が裂けるような爆音を残し、マストすれすれのところで頭上を飛び越える。思わず首を縮めると、こんどは魚雷が白い尾を曳きながら、目にもとまらぬ早さで舷側《げんそく》に迫り、次の瞬間には艦底を潜り抜けて反対側に走り去る。

めまぐるしく飛行機が襲いかかり、めま

敵基地や艦艇攻撃に活躍した日本海軍の1式陸上攻撃機の編隊。

ぐるしく白い雷跡《らいせき》が艦を串刺しにした。
右に左に、艦長は赤鬼のようになって舵《かじ》をとる。が、そんなことで避けられる魚雷の数ではなかった。一本は避けても、二本目が命中する。一本、二本は避けても、三本、四本目が命中する。
「『こりゃ、戦艦も浮いとられんなぁ』
悲鳴に似た声をあげる誰かを、私は見た」

雷撃と水平爆撃で活躍した艦上攻撃機。

（雑誌『歴史と人物』昭和六十一年夏号「Z作戦もむなしい福留繁」）

もちろん悲鳴の主は山本五十六長官であった。訓練は明らかに山本が率いる戦艦隊の負けだった。吉田氏によれば、この凄まじい航空攻撃訓練を福留繁《ふくとめしげる》参謀長とともに艦橋で見ていた山本は、続けて、つぶやくともなく言ったという。


「飛行機でハワイをたたけないものか」

福留は応えた。

「航空攻撃をやれるくらいなら、全艦隊がハワイ近海に押し出した全力決戦がいいでしょう」

作戦にかけては当時の日本海軍内の第一人者と見られていた福留にしても、航空機によるハワイ攻撃など思いもおよばない作戦だったのである。戦後、福留は語っているという。かかる遠隔の地に対する攻撃は、ひたすら潜水艦による方策以外にはあるまいと考えていた、と。しかし、これからの海戦は航空主兵になると確信していた山本は、演習とはいえ、目前で繰り広げられた航空機による攻撃の圧倒的強さに改めて自信を深めたに違いない。同時に、この日の訓練は、日本の海軍が長年にわたって行ってきた戦艦中心の艦隊訓練を見直すことになる〝事件〟でもあったのだ。

しかし、この時期の日米関係は険悪化しているとはいえ、まだ戦争を予期するほどではない。山本長官にとって何よりも安心なのは、日本をリードする首相が師とも仰ぐ米内光政大将であり、対米非戦派の総帥ともいえる人だからであった。

だが、その米内内閣もあっけなく倒れ、

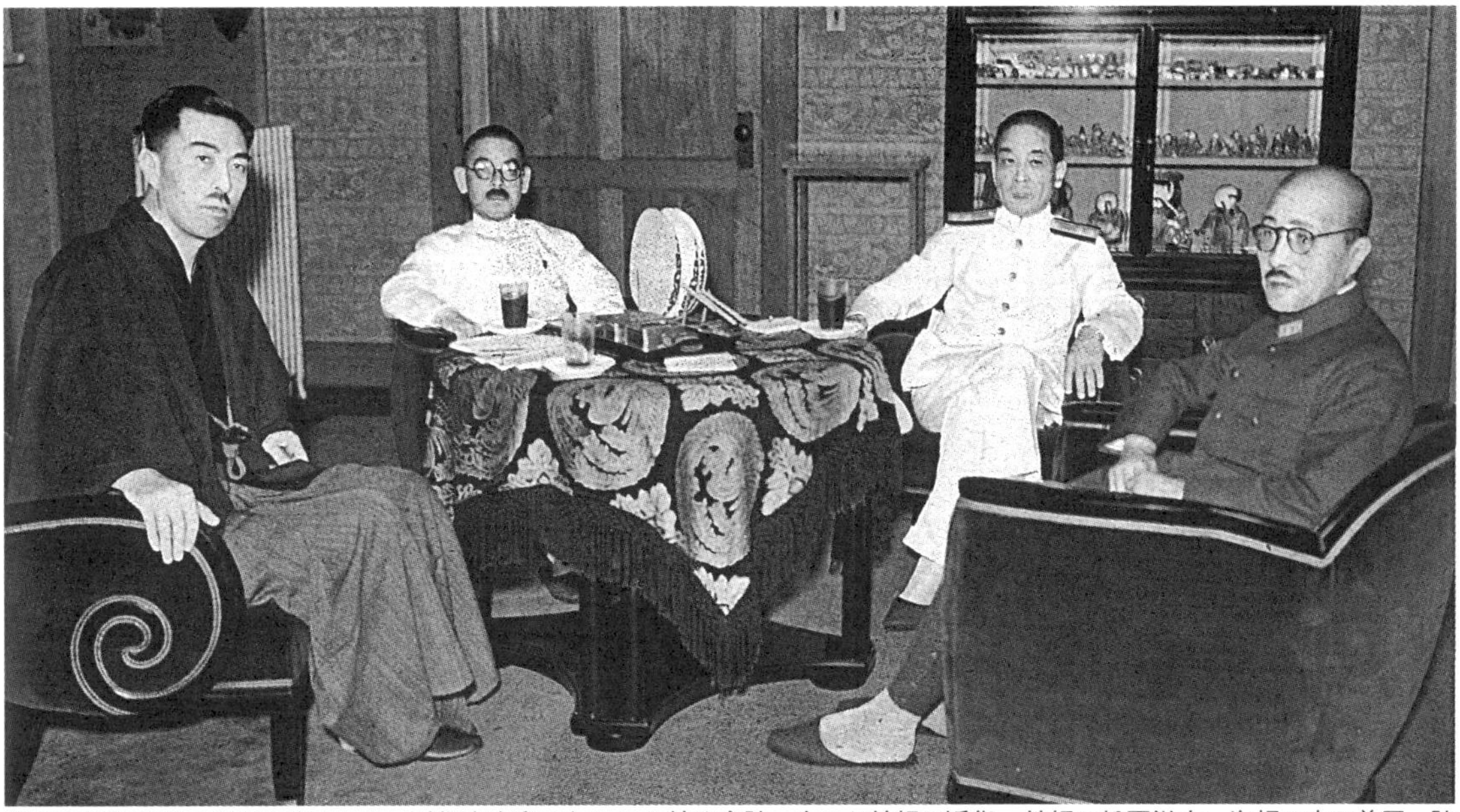

第２次近衛内閣の発足に当たって、近衛文麿邸で行われた首脳会談。左から首相の近衛、外相の松岡洋右、海相の吉田善吾、陸相の東條英機（1940年7月19日）

陸軍と松岡洋右《まつおかようすけ》外相のロボット的な近衛文麿《このえふみまろ》内閣の再登場で、あれほど反対していた日独伊三国同盟はあっという間に締結され、今また北部仏印への武力進攻を強行してしまった。アメリカの強硬な態度から推《お》して、日米開戦の危険性は一段と強まったといわなければならない。訓練の際、あくまでも一作戦案として口にした航空機によるハワイ攻撃が現実のものとなるかもしれない……、山本がそう考えたとしても決して不思議ではなくなってきたのである。

　日本を取り巻く国際情勢が不穏になるなか、上京した山本は東京・荻窪の「荻外荘《てきがいそう》」に近衛文麿首相を訪ねた。一九四〇年九月の末である。近衛の手記によれば、世に知られる山本の「やれと言われれば、初めの半年か一年は」の言動は、このとき次のような会話から生まれている。

――連合艦隊司令長官・山本五十六大将が上京したので会見した。同大将は最強硬なる同盟反対論者で、平沼内閣当時、米内海相が頑強に三国条約に反対したのも当時の次官たりし山本大将の輔佐が与《あずか》って力があったと思はれる。余は大将に、豊田次官よりかくかくの話ありたりと述べたるに、大将は、「今の海軍省は余りに政治的に考へ過ぎる」と言ふて痛く不満の様子であった。

　余は日米戦争の場合、大将の見込如何《いかが》を問ふた処《ところ》、同大将曰《いわ》く、

「それは是非やれと云はるれば初め半歳か一年の間は随分暴れて御覧に入れる。然《しか》しながら二年三年となれば全く確信は持てぬ。三国条約が出来たのは致方《いたしかた》ないが、かくなりし上は日米戦争を回避する様極力御努力願ひたい」とのことであった。

　これで海軍首脳部の肚《はら》は解ったのである。海軍の肚がかくの如しとすれば三国条約の実際の活用は余程慎重にやらねばならぬ。仮令《たとえ》蘇《ソ》連が同盟側に付くとしても海軍の考がかくある以上日米衝突は極力回避せねばならぬ――（『近衛日記』）

　山本五十六の経歴を見れば一目瞭然《いちもくりょうぜん》だが、国際情勢と航空機に関する知識がきわめて

1934年9月、第２次ロンドン海軍軍縮会議の予備交渉でロンドン駅に到着した日本代表一行。前列中央が山本五十六代表、左が松平恒雄駐英大使。

少将時代の山本五十六

豊富なことである。一九一九年（大正八）四月、少佐だった山本はアメリカ駐在武官として渡米、ボストンのハーバード大学で聴講生となって海外生活をはじめた。アメリカ生活は一九二一年十一月まで二年半続いたが、この間中佐に昇進、この年十一月に開かれたワシントン軍縮会議には随員として出席した。続いて一九二三年七月には欧米視察に赴き、一九二五年十二月から一九二八年（昭和三）三月までは駐米日本大使館付武官を務めている。そして海軍少将に昇進する一九二九年のロンドン海軍軍縮会議には全権随員として、一九三四年（昭和九）九月のロンドン海軍軍縮会議予備交渉には日本代表として渡英した。

周知のごとく、これら軍縮会議で米英日の艦艇保有率は五・五・三に決められた。この会議の結果を見て以来、山本は航空軍備の充実に着目し、一九二一年十二月に海軍大学に軍政学教官として赴任した際には、早くも戦艦と航空機の攻防問題を鋭く論じ、軍縮の対象にならない航空機こそもっとも必要な軍備であると力説している。

元来、砲術専攻の山本であるが、航空の重要性を説いたあとは自ら希望して航空分野に転身し、一九二四年（大正十三）十二月には霞《かすみ》ヶ《が》浦《うら》航空隊に副長兼教頭として入り、本格的な海軍航空隊の建設と整備に乗り出した。

そして、少将に昇進して第一次ロンドン軍縮会議から帰った山本は、一九三〇年（昭和五）十二月、海軍航空本部技術部長に就任、一九三三年十月に第一航空戦隊の司令官に転任するまでその職にあった。さらに、第二次ロンドン軍縮会議から帰国して中将に昇進すると、翌一九三五年（昭和十）十二月に海軍航空本部長に就任するのである。こうして「海軍航空隊生みの親」ともいわれる山本の経歴が語るように、彼は単に実戦部隊の指揮官としてだけではなく、軍政面にもきわめて通暁《つうぎょう》していく。

山本が近衛から日米開戦の場合の見込みを聞かれたとき、「初め半歳か一年の間は随分暴れて御覧に入れる。然しながら二年三年となれば全く確信は持てぬ」と答えた裏には、近代戦に欠かすことのできない航空機の保有数や補充態勢、石油の備蓄量といった数字の裏打ちがあったのである。

たとえば開戦時の石油備蓄量は四二七〇万バレルで、約二年間の消費量と推定されていた。実際の消費量は一九四二年（昭和十七）が二五五五万バレル、四三年が二八一一万バレル、合計五三六六万バレルに達し、この間に輸入された石油は二三八八万バレルだった。開戦時の備蓄は山本が予言したように、約一年半で消費され尽くしたのである。

「海軍航空隊生みの親」と言われた山本五十六大将は、人を惹きつける魅力を備えていたが、その一つに茶目っ気にも富んでいたことがある。得意な逆立ちはその代表格か…。

明かされた山本の大胆な奇襲攻撃案……

一九四〇年十一月十五日に海軍大将に親《しん》補《ぼ》された山本五十六連合艦隊司令長官は、南方作戦の図上演習を要請した。軍令部と海軍大学の職員を動員して行われた図演はこの月の二十八日に終了したが、結果は蘭《らん》印《いん》攻略作戦を開始すれば、やがては対米英全面戦争に発展すると出た。その前日の二十七日、海軍の「昭和十六年度帝国海軍作戦計画」が裁可されている。その中の「対支作戦中、米国、英国及び蘭国と開戦する場合の作戦」の攻略範囲はフィリピン、英領マレー、英領ボルネオ、蘭領東インド、香港、グアム、ウェーク島（推定）で、ハワイは含まれていない。ハワイ攻撃を考えていたのは山本五十六大将だけだった。

その山本が、真珠湾奇襲攻撃のかなり具体的な計画を初めて第三者にもらしたのは一九四一年一月七日のことだった。相手は時の海軍大臣及川《おいかわ》古志郎《こしろう》大将で、山本は私信のかたちで三千字近い長文の手紙を同日付で書き送った。「戦備ニ関スル意見」と題された手紙は「対米英必戦ヲ覚悟シテ」書かれたもので、①戦備、②訓練、③作戦方針、④開戦劈頭《へきとう》ニ於テ採ルベキ作戦計画、の四項目に分かれている。その第四項「開戦劈頭ニ於テ採ルベキ作戦計画」は次のような内容である（原文は片仮名交じり）。

われ等は日露戦争において幾多の教訓を与えられたり。そのうち開戦劈頭における教訓左のごとし。

一、開戦劈頭敵主力艦隊急襲の好機を得たること。

二、開戦劈頭に於ける我水雷部隊の士気は必ずしも旺盛ならず（例外はありたり）。

山本長官が初めて真珠湾の米太平洋艦隊攻撃の作戦案を明かした海軍大臣及川古志郎大将。

連合艦隊旗艦の長官室で構想を練る山本五十六長官。

その技倆は不充分なりしこと、この点遺憾にして大に反省を要す。

三、閉塞《へいそく》作業の計画ならびに実施は共に不徹底なりしことわれ等はこれら成功ならびに失敗の蹟《あと》に鑑《かんが》み日米開戦の劈頭においては極度に善処することに努めざるべからず。而して勝敗を第一日に於て決するの覚悟あるを要す。

作戦実施の要領左のごとし。

一、敵主力の大部真珠港に在泊せる場合には飛行機隊をもってこれを徹底的に撃破し、且同港を閉塞す。

二、敵主力真珠港以外に在泊するときも亦《また》これに準ず。

これがために使用すべき兵力及びその任務。

イ、第一、第二航空戦隊（やむを得ざれば第二航空戦隊のみ）、月明の夜又は黎明《れいめい》を期し全航空兵力をもって全滅を期し敵を強(奇)襲す。

ロ、一個水雷戦隊、敵飛行機隊の反撃を免れざるべき沈没母艦乗員の収容に任ず。

ハ、一個潜水戦隊、真珠港（其の他の碇泊地）に近迫、敵の狼狽《ろうばい》出動を邀撃《ようげき》し、なし得れば真珠港口においてこれを敢行し、敵艦を利用して港口を閉塞す。

（以下略）

そして作戦はフィリピン、シンガポール方面の敵航空兵力の急襲撃滅作戦と「概ネ日ヲ同ジクシテ決行セザルベカラズ」とし、山本長官は次のような内容の意見を付している。

「万が一ハワイ攻撃における損害の大きさを慮《おもんぱか》って東方（ハワイ方面）に対して守勢を採《と》り、敵の来攻を待つようなことがあれば、敵は一挙に日本本土を急襲し、東京をはじめ大都市を焼尽と化す作戦に出るに違いない。もし、一旦このような事態に立ちいたったならば、仮に南方作戦に成功を収めたとしても、わが海軍は与論の激昂《げっこう》を浴び、ひいては国民の士気の低下をまねき、如何《いかん》ともしがたい事態に立ちいたることは火を見るよりも明らかである……」

さらに山本は、開戦第一日の真珠湾奇襲作戦に際しては、自ら艦隊を率いたいとも付け加えている。

開戦直前の真珠湾。写真の中心に浮かぶ島がフォード島。

「小官は本布哇《ハワイ》作戦の実施に方《あた》りては航空艦隊司令長官を拝命して攻撃部隊を直率せしめられんことを切望するものなり。爾後堂々の大作戦を指導すべき大連合艦隊司令長官に至りては、自ら他に其人在りと確信するは既に曩《さき》に口頭を以て意見を開陳せる通りなり。願くは明断を以《もっ》て人事の異動を決行せられ小官をして専心最後の御奉公に邁進することを得しめられんことを」

山本の手紙を読んだ及川海相は、連合艦隊司令長官よりも格下の航空艦隊司令長官を拝名してまでも直接指揮をとりたいという山本の字句を、どうとらえたのだろうか。

手紙の内容は、山本が自ら書いているように「客年十一月下旬、一応口頭進言セルトコロト概ネ重複ス」とあるから、及川海相にとっては初耳の作戦構想ではなかったようだ。もし作戦の意見具申ならば、海軍大臣にではなく軍令部総長に出すのが筋である。それを、なぜ山本は海相に出したのだろうか……。

しかも、欄外には「大臣一人限御含ミ迄誰ニモ示サズ焼却ノコト」と、朱筆で注意書きが加えられていたところを見ても、海相宛に書かれたものであることは間違いない。

山本五十六大将に狙われた米太平洋艦隊主力の航進。

山本の真意は、作戦構想の具申もさることと、手紙の最後にある「爾後《じご》堂々の大作戦を指導すべき大連合艦隊司令長官に至りては、自ら他に其人在りと確信する」という件にあったのではないだろうか。

すなわち、手紙の中で暗に示唆した「其の人」とは米内光政大将（海兵29期）のことで、その米内を現役に復帰させて連合艦隊司令長官に任命する可能性を探ることにあったのではないだろうか。

米内は及川の前々任の海相で、山本はその米内の下で次官を務めた緊密な間柄である。その米内が連合艦隊司令長官として現役に就いてくれれば、自分は安心してハワイ攻撃の現場指揮をとれる――山本の私信の真意がそこにあったとしても、決して不思議ではない。

山本が及川海相に次いで真珠湾攻撃の計画を打ち明けたのは、当時第一一航空艦隊参謀長で、数少ない航空派将官だった大西《おおにし》瀧治郎《たきじろう》少将である。形式はこれも私信で、及川海相への手紙の内容を簡略したものだった。時期は及川海相に送った一週間後だった。この段階で、山本一人の胸にあった「真珠湾奇襲攻撃」計画は、具体案の作成へと歩きはじめる。

大西瀧治郎少将（のち中将）

戦後も海上自衛隊の鹿屋航空基地の庁舎として使われてきた旧海軍航空隊の建物。大西少将と源田中佐の会談は、この建物の中の第11航空艦隊参謀長室で行われた。

源田実中佐（のち大佐）

ハワイ作戦、源田案と大西案

一九四一年の二月初め、大西少将は個人的にも親しい若手の〝航空屋〟として知られている源田実《げんだみのる》中佐を鹿屋《かのや》基地に呼んだ。「相談したいことがあるから、鹿屋に来てくれ」という簡単なものだった。

鹿児島の鹿屋は海軍陸上攻撃機の中心基地で、四一年一月十五日に編制されたばかりの第一一航空艦隊（司令長官・南雲忠一《なぐもちゅういち》中将）の司令部もその本拠をこの鹿屋基地に置いていた。当時、源田中佐は第一航空艦隊の前身である第一航空戦隊の航空参謀として、有明湾の志布志《しぶし》沖に錨を降ろす空母「加賀《かが》」（旗艦）に乗艦していた。

源田中佐は鹿屋を訪れた。第十一航空艦隊参謀長室には大西少将が一人でおり、微笑を浮かべながら「まあ、そこに座れよ」とソファーに招いた。そして自分も腰を下ろしながら、内ポケットから一通の手紙を取り出し、

「ちょっと、この手紙を読んでくれ」

と一通の封書を源田中佐に渡した。表書きには「第十一航空艦隊司令部　大西少将閣下」と墨書され、裏には「山本五十六」とあった。手紙の内容は、源田の『真珠湾作戦回顧録』によれば、おおよそ次のようだったという。

「国際情勢の推移いかんによっては、あるいは日米開戦のやむなきにいたるかもしれない。日米が干戈《かんか》をとって相戦う場合、わが方としては、何かよほど思い切った戦法をとらなければ、勝ちを制することはできない。

それには、開戦劈頭、ハワイ方面にある米国艦隊の主力に対し、わが第一、第二航空戦隊飛行機隊の全力をもって痛撃を与え、当分の間、米国艦隊の西太平洋進攻を不可能にしなければならない。

よって攻撃目標は米国戦艦群であり、攻

99式艦上爆撃機11型概要
乗員：2名、最大速度：時速381km、航続力：1472km、上昇限度：8070m、武装：7.7mm銃3挺・爆弾250kg

97式艦上攻撃機12型概要
乗員：3名、最大速度：時速377.8km、航続力：最大1991km、武装：7.7mm銃1挺・魚雷1本又は爆弾800kg

撃は雷撃隊による片道攻撃とする。
　本作戦は容易ならざることなるも、本職自らこの空襲部隊の指揮官を拝命し、作戦遂行に全力を挙げる決意である。ついては、この作戦をいかなる方法によって実施すればよいか研究してもらいたい」

　手紙を読んだ源田中佐は「やられた。すばらしい着想だと思いました」と、のちに語っている。

　源田中佐が手紙を読み終わるのを待って、大西少将は言った。

「そこでやね、君、ひとつこの作戦を研究してみてくれんか。出来るか、出来ないか、どうすればやれるか、そんなところが知りたいんだ」

　源田中佐が真珠湾攻撃の二つの素案を大西少将に提出したのは、それから約一週間後だった。素案の一つは雷撃が可能な場合で、艦上攻撃機（艦攻）の全力を雷撃機とし、これに艦上爆撃機（艦爆）を加えて共同攻撃を行う。その二の雷撃不可能な場合は艦攻を全部おろし、その代わりに艦爆を積み、攻撃は全面的に艦爆に依存するというものである。

　艦攻は魚雷攻撃と爆撃に使用される飛行機で、魚雷を抱いたときには雷撃機、爆弾のときは水平爆撃機とも言われる。ただし艦上爆撃機、すなわち艦爆は艦攻とは機種が違い、一発必中の捨て身戦法である急降下爆撃を主任務とする。これに対し艦攻は急降下ができない機種なので、三〇〇〇から四〇〇〇メートルの高々度から爆弾を投下する水平爆撃を行うのである。

「両者ともに、主攻撃目標は航空母艦とし、副攻撃目標として戦艦、巡洋艦以下の補助艦艇、飛行場施設とした。また戦闘機は、制空と地上飛行機の銃撃に充当するものであった。使用母艦としては、第一航空戦隊、第二航空戦隊の全力（赤城《あかぎ》、加賀、蒼龍、飛龍《ひりゅう》）とそれに第四航空戦隊の龍驤《りゅうじょう》を加えたものであった。

　当時はまだ、進撃航路に対する研究は積んでいなかったのであるが、いずれにしても、南方から攻撃する手はないので、ハワイ列島の北方からすることとしていたのである」（『真珠湾作戦回顧録』）

　源田案に盛られた使用空母は、当時の日本海軍が保有する全戦力だった。また、ハワイへの接近は夜陰《やいん》に乗じる必要から、攻撃開始は黎明《れいめい》にすべきであるとした。

　源田案に若干手を加え、大西少将が山本長官に作戦案を手渡したのは四月初めである。その作戦案に目を通した山本長官は、源田中佐の戦後の回想によれば、その際、もし水深《すいしん》等の関係で雷撃ができないならば、所期の効果を期待し得ないから空襲作戦は断念するほかはあるまいと言ったという。

　その頃、連合艦隊司令部でも首席参謀の

旗艦で作戦会議中の連合艦隊首脳。左端が宇垣纏参謀長、次が山本司令長官、右端は渡辺戦務参謀。

黒島《くろしま》亀人《かめと》大佐を中心に真珠湾攻撃の研究に入っていたが、まだ具体案はみていなかった。そこで山本長官は黒島大佐と戦務参謀の渡辺《わたなべ》安次《やすじ》中佐を長官室に呼び、大西少将と進めている真珠湾作戦の構想を打ち明けた。黒島はじっと考えていたが、「計画を進めるべきではないでしょうか」と賛意を表明する。こうして山本と大西の個人的構想に過ぎなかった真珠湾攻撃計画は、連合艦隊の作戦計画へと拡大していく。同時に、山本長官は大西案にさらに手を加え、大西少将に命じて軍令部に持参させた。相手は四月十日付で連合艦隊参謀長から軍令部第一部長（作戦部長）に転じた福留繁《ふくとめしげる》少将である。

第一航空艦隊の誕生

いまや真珠湾奇襲決行が信念化した山本五十六長官に僥倖《ぎょうこう》が訪れた。連合艦隊の再編成が決定したのである。航空機による雷撃の成果など、航空戦力の重要性がやっと海軍首脳にも認識され、戦術単位に分散していたそれまでの航空戦力を大規模な戦略単位に統合し、本格的な空母主体の艦隊を編制することになったのだ。四一年四月十日に編制された第一航空艦隊がそれだった。

その後、最新鋭の空母「翔鶴《しょうかく》」と商船改造の空母「春日丸」が就役したため、九月一日発動の戦時編制ではこの二隻と駆逐艦「朧《おぼろ》」「漣《さざなみ》」によって第五航空戦隊が編成され、第一航空艦隊に編入される。さらに九月下旬に「翔鶴」の姉妹空母「瑞鶴《ずいかく》」が完成したところで、「春日丸」は第四航空戦隊に編入され、「瑞鶴」が第五航空戦隊に入る。こうして完了した第一航空艦隊の陣容は左表のようであった（一九四一年十月一日現在）。

この空母を集中運用する世界初の機動艦隊の司令長官には水雷戦術の権威である南《な》雲忠一《ぐもちゅういち》中将が就任し、参謀長には第二四航空戦隊司令官だった草鹿龍之介《くさかりゅうのすけ》少将が就《つ》いた。司令部の主要職員は次のようになった。

首席参謀　大石保《おおいしたもつ》中佐
航空甲参謀　源田実中佐
航空乙参謀　吉岡忠一《よしおかただかず》少佐
航海参謀　雀部利三郎《ささべりさぶろう》中佐
通信参謀　小野寛治郎《おのかんじろう》少佐
機関参謀　坂上五郎《さかがみごろう》機関少佐
機関長　田中実《たなかみのる》機関大佐

航空戦隊名	母艦名	駆逐隊名
第一航空戦隊	赤城・加賀	第七駆逐隊
第二航空戦隊	蒼龍・飛龍	第二三駆逐隊
第四航空戦隊	龍驤・春日丸	第三駆逐隊
第五航空戦隊	翔鶴・瑞鶴	朧・秋雲

第一航空艦隊の6空母

航空母艦「加賀」

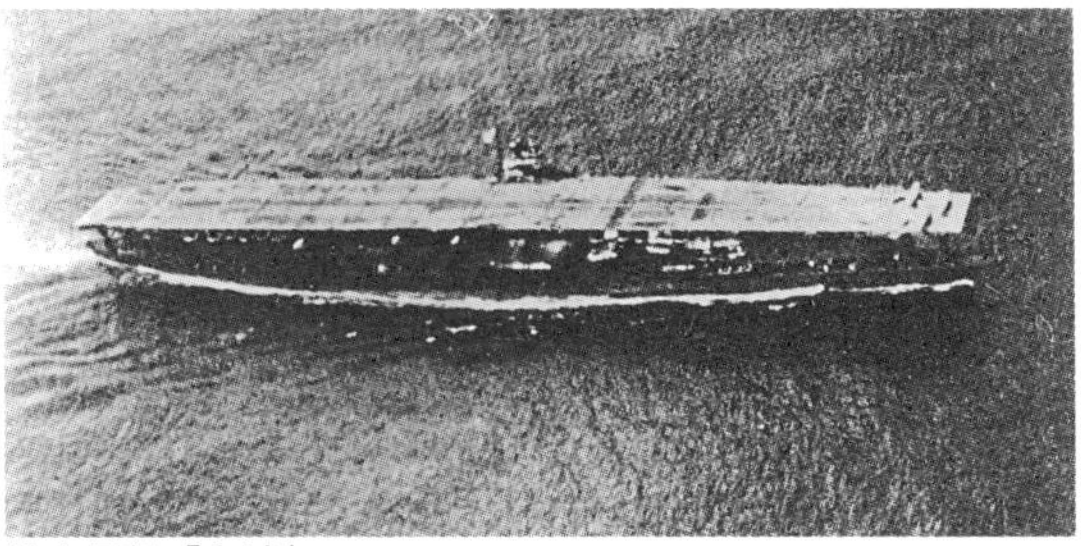
航空母艦「赤城」

航空母艦「飛龍」

航空母艦「蒼龍」

航空母艦「瑞鶴」

航空母艦「翔鶴」

ところで、この第一航空艦隊（一航艦）の編制は真珠湾攻撃実施のために決定されたわけではなかったが、前記の源田案にもあるように、真珠湾攻撃のような大規模作戦には航空戦力の集中投入は不可欠である。

新編制の一航艦は、まさにハワイ攻撃にはうってつけの機動艦隊だった。元来、母艦の各飛行隊は空母単位で行動し、指揮権は艦長にあった。そして、いざ戦闘となったときの飛行機は、航空戦隊司令官の指揮下に入る。しかし、それまでの航空戦隊は各艦隊に分かれていたため、二個戦隊以上の飛行隊が統一指揮のもとに行動するということはなかった。だが、一航艦の誕生で各母艦の飛行隊はすべて艦隊司令長官の統一指揮下で、演習から実戦にいたるまで協同行動を取ることになったのである。

真珠湾攻撃にうってつけの艦隊はできた。しかし、大機動部隊が日本の各港を出航して真珠湾を目指すまでには、まだ、さまざまな紆余曲折《うよきょくせつ》がある。だいいち作戦の決定権を持つ海軍軍令部の福留第一部長をはじめとする主要職員は、連合艦隊の真珠湾攻撃案には反対の態度をとっていたからだ。あまりにも危険が多すぎて、万が一にも開戦劈頭に虎の子の空母部隊を失うようなことがあれば、以後の作戦は無に帰してしまうというのであった。

第11航空艦隊司令長官
南雲忠一中将

第11航空艦隊参謀長
草鹿龍之介少将（のち中将）

ハワイに潜入したスパイ森村正……………………

源田中佐と大西少将が真珠湾奇襲攻撃の計画を練っていた頃、豪華客船「新田丸」が横浜のメリケン波止場を静かに離れ、ハワイのホノルルに向かった。四一年三月二十日午後二時のことだった。この新田丸の客室に三〇歳前の海軍予備少尉が旅装を解いていた。乗船客名簿には、ハワイの日本総領事館に赴任する外務書記生「森村正《もりむらただし》」とあった。ところが「森村正」は偽名で、本名は吉川猛夫《よしかわたけお》といい、海軍軍令部がハワイの米太平洋艦隊の動静を探るために派遣する諜報員だった。スパイである。

一週間後の三月二十七日午前八時半（現地時間）、新田丸はホノルル港の第八桟橋に着岸した。港には副領事の奥田乙治郎《おくだおつじろう》をはじめ四人の館員が出迎えていた。

「やあ、いらっしゃい。どうもご苦労さん」

奥田副領事が手をさしのべてきた。

「よろしくお願い申し上げます」

森村こと吉川は総領事館の自動車に乗せられ、ヌアヌ街の中腹にある総領事館に直行し、喜多長雄《きたながお》総領事に着任の挨拶をした。喜多はもともと中国通として知られ、外務省内では〝大人《たいじん》〟のニックネームで通る腰の座った外交官として定評があった。外務省は「森村正」を送り込むにあたって、この大人に目をつけ、吉川の着任直前に広東総領事から抜擢し、ハワイに送ったのである。広東では海軍諜報部とも密接に連絡を取り合って情報収集を行っていた四七歳の

森村正こと吉川猛夫少尉

喜多長雄総領事

1941年当時のホノルルの日本総領事館。

ベテラン外交官だった。肥満短軀《たんく》、一見しただけで豪放磊落《ごうほうらいらく》な喜多は、広東総領事時代に部下や外部の接待で数万円の借金を作り、ハワイ着任後も広東総領事館に返済を続けたという型破り外交官でもあった。

「森村正」の挨拶を受けた喜多は、笑みを浮かべてさらりといった。

「吉川君だろう、わかってる。面倒は見てあげるから、存分に働きたまえ」

こうして喜多と吉川のコンビによる情報収集戦は始められた。もちろん領事館で「森村正」の正体を知らされていたのは、喜多総領事と副領事の奥田だけだった。

吉川は翌日からタクシーで島めぐりをはじめた。そして四日に一度くらいの割合で真珠湾の横を通り過ぎ、湾内に碇泊《ていはく》する艦船の種類と隻数をメモし続けた。

そうしたある日、喜多総領事が「島内見物も飽きたろう、いいところに案内しよう」と、一軒の日本料亭に吉川を案内した。現在は「夏の家」と名前を変えているが、当時は「春潮楼《しゅんちょうろう》」といい、総領事館から北東に車で一〇分足らずのアレワ・ハイツの丘の中腹にある。ホノルルのダウンタウンからなら五分あまりの距離である。喜多総領事や吉川予備少尉たちが出入りしていたころは、吉川と同郷の四国・松山出身の藤原タネヨさんが取り仕切っていた。

吉川の回想記『東の風、雨』は、こう記している。

――車は暗夜のヌアヌ街を上り、左折してアレワ高地の春潮楼についた。

「おや、お珍しい。総領事さん、お連れの方は？」

「森村君だ」

「ああ、この間来られた方？」

戦前は「春潮楼」といったホノルルの日本料理屋「夏の家」。

ママさんは、私たちを二階座敷に請じて、あらためて挨拶した。

開け放たれた座敷から南西に見える燈は真珠湾だ、ヒッカム飛行場だ。私は〝ふうん〟と唸った。

「おい、森村君、今時分、下の座敷にＦＢＩがつけて来ているかも知れないぜ」

「ははは……」

二人は痛飲した。

「時に、総領事、島巡りをやりましたか」

賑わいを見せていた日米開戦前の春潮楼の宴会場。

「いや、先日もＦＢＩ隊長のシーバス氏がやってきて、島巡りをやったか、ときいたから、君に尾行されるのがいやだから、どこへもでない、といってやったら、そんなことはありません、どうぞどうぞ、といっていたよ」

「わははは……」

爆笑しながらハイボールを傾けるうちに、〆香《しめか》姐さんを先頭に花子、ミー子、お絹と、きれいどころが和服姿で現れた。

さすがに〆香姐さんは、新橋に留学した芸者だけあって小唄の一つも弾《ひ》けるというが、武骨者の二人は呑むことよりほかに芸はなかった。

話上手で遠慮のおけない喜多さんにつられて賑《にぎ》やかな座敷となってしまった。（中略）私は、この絶好の場所に来るためには、まず第一に彼女たちと仲よくならなければならないこと、第二には度々訪れる口実をもうけなければならないことだと思案していた。夜もふけて、眼下の真珠湾は静かに眠っていた――。

こうして春潮楼の二階座敷は、密偵・森村正の真珠湾偵察のためにはなくてはならない場所となった。同時にここで酒を飲み、芸者と語ることは、森村の行動をカムフラ

上は夏の家（春潮楼）の2階の宴会場の窓から眺めた真珠湾。吉川少尉はこの宴会場の窓際に設置された観光客用の望遠鏡で、真珠湾に碇泊している米艦艇を監視していたという。下は望遠鏡が設置されていた宴会場の窓際（1990年12月撮影）

春潮楼の女将さん藤原タネヨさん。

ージュするかっこうの隠れミノとなった。

一九九〇年（平成二年）十二月八日、ハワイでは七日の午後、私（平塚）とタイム・ライフ・ブックスの編集者だった山崎博氏はハワイ大学教授の案内で、いまは「夏の家」と名前を変えている「春潮楼」を訪れた。日本人の教授はお馴染《なじ》みさんらしい。

日本軍のハワイ攻撃は真珠湾の艦艇や飛行場、基地の施設に限られていたから、春潮楼は戦災にも遭わなかった。聞けば建物も部屋の間取りも昔のままだという。喜多総領事や吉川たちが芸者とたわむれた二階の大広間に入ると、眼下にホノルルの街がパノラマ的に広がっていた。広間の正面の窓からはヒッカム空軍基地や真珠湾が一望できた。キラキラ陽光に輝く軍用機の機体が肉眼でもはっきり見える。

「昔はこの窓の外の樹なんかもまだ大きくなかったし、周辺の住宅もあまりなかったから、そりゃあ眺めが良かったです。ええ、真珠湾も今よりずっと良く眺められましたよ。それに、その正面の窓のところに大きな望遠鏡が設置されてましてね、真珠湾なんか手にとるように見えたもんです。望遠鏡ですか？　お客さんへのサービスのために備え付けてあったんです」

戦前の「春潮楼」時代からよく出入りし、現在も「夏の家」で働いているタツ子さんは感慨ぶかげに話す。タツ子さんは一九八三年に九十六歳で亡くなった女将の藤原タネヨさんの姪《めい》にあたる。しかし、森村についてのタツ子さんの記憶は「領事館の書記さん」といった記憶しかないという。タツ子さんが知っている森村のエピソードの多

吉川少尉らも眺めたであろう開戦直前の真珠湾の潜水艦基地と米太平洋艦隊司令部の建物。

くは、戦後、叔母《おば》のタネヨさんから折りに触れて聞かされたものである。

「昼ごろによくやって来たそうよ。『ママ、来たよ』といって入ってきて、ママが『どうぞ二階へ行ってお休み下さい』というと、スタスタ望遠鏡のあるいつもの座敷に上がっていったそうです。

昼間から座敷に上がって昼寝でもしているのかしら、それとも読書かしら……、ママにもよくは分からなかったが、よく備え付けの望遠鏡を覗いていることだけは分かったそうよ。あとで（戦後）知ったんですが、毎日ああして真珠湾の軍艦を調べていたんですね。

よくお酒を飲み、馬鹿騒ぎをしていたそうです。また、ときどき芸者さんを二人ぐらい連れてはハワイ島へ飛行機で遊びに行っていたともいいますね」

この遊覧飛行は、吉川の手記によれば「上空偵察が目的」で、真珠湾やヒッカム基地などの道路からは見えない場所を視察することで「目標確認の状況、攻撃侵入時の目標の選定、上空気流の状況などを判断するのに役立った」という。

こうして集めた情報を、吉川は喜多総領事名で東京へ暗号打電した。ホノルル総領事館が一九四一年一月一日から十二月七日までの一一カ月間に東京へ打電した暗号電のほとんどは軍事情報であった。ちなみに吉川の第一信は五月十二日発電で、第七八番電である。そして最後が十二月六日の第二五四番電だった。つまり二一〇日間に一七六通を発電したことになり、その八〇パーセントが軍事情報であったという。

五月十二日発電の吉川の第一信は次のような内容だった。

○発ホノルル　喜多総領事
宛　東京　外務大臣
一九四一・五・十二
十一日真珠湾在泊艦艇左の通り
一、戦艦一一隻（コロラド、ウェストバージニア、カリフォルニア、テネシー、アイダホ、ミシシッピー、ニューメキシコ、ペンシルバニア、アリゾナ、オクラホマ、ネバダ）
重巡五（ペンサコラ型二、サンフランシスコ型三）
軽巡一〇、駆逐艦三七、駆逐母艦二、潜水母艦一、潜水艦一一、輸送船その他合わせて一〇数隻
二、空母レキシントンは駆逐艦二隻を伴いオアフ島東岸沖を航行中

『東の風、雨』によれば、七月ごろまでは、この種の真珠湾在泊艦艇報告は十日に一度くらいの割合で報告していたという。

対ソ参戦論と南部仏印進駐

　日本国内では第一航空艦隊が編制され、大西瀧治郎少将が真珠湾攻撃の計画案を持って軍令部を訪れたころ、前記のように米太平洋艦隊の動静を探るため「スパイ森村正」はハワイに潜入した。呼応して、日本の外交も千変万化の様相を呈してきた。

　北部仏印進駐に続く日独伊三国同盟締結ですっかり冷え切ってしまった対米関係を立て直そうと、松岡洋右《まつおかようすけ》外相はこの年の二月、ルーズベルト大統領とも交友がある元外相の野村吉三郎《のむらきちさぶろう》海軍大将を駐米大使に任命し、着任させていた。

　野村大使は四一年三月八日からコーデル・ハル国務長官と交渉を開始したが、双方の距離は広がるばかりで、一致点を見いだすどころではなかった。

ソ連に中立条約締結を持ちかけ、快諾を得て上機嫌でスターリン首相と腕を組む松岡洋右外相。

　そうした中の四月十三日、ドイツのヒトラー総統、イタリアのムソリーニ首相と会見した松岡洋右外相は、帰途モスクワに入り、スターリン首相との間で領土保全と不可侵を盛り込んだ日ソ中立条約を締結させていた。ところが六月二十二日、ドイツは独ソ不可侵条約を無視して突如ソ連に侵入し、独ソ戦が勃発《ぼっぱつ》した。ソ連と中立条約を結び、北方を安定させて南進策を押し進めようとしていた日本政府には大きな衝撃であった。

　陸軍内部などからは、この際ドイツを援助してソ連を倒すべきであるという意見や、関東軍を増強して対ソ参戦すべきであるという意見まで飛び交った。昭和天皇の言葉を借りれば、四月にドイツから帰国した後は「別人の様に非常に独逸びいきになった、恐らくは『ヒトラー』に買収でもされたのではないかと思はれる」（『昭和天皇独白録』）松岡も、独ソ開戦の報に接するやいなや参内し、天皇に「ドイツと共同してソ連を討つべし。イルクーツクまで兵を進めたら」といった上奏をしている。

　しかし、松岡を信頼していない天皇は、木戸幸一《きどこういち》内大臣の〝事前工作〟でことなきを得ている。木戸の事前工作とは、もし松岡が拝謁《はいえつ》して対ソ参戦論を上奏《じょうそう》したときは、陛下に「総理とよく相談しなさい」と言ってもらうよう言上《ごんじょう》したのである。そして天皇は六月二十二日の午後五時半から行われた松岡の拝謁の際、木戸の言上どうり「近衛と充分協議して決めるよう」松岡にいい、退出させていたのだ。

そして天皇の松岡に対する堪忍袋《かんにんぶくろ》の緒は、この日で切れてしまった。天皇は『独白録』で言っている。

「松岡はソ連との中立条約を破る事に付いて私の処に云って来た、之は明かに国際信義を無視するもので、こんな大臣は困るから私は近衛に松岡を罷める様に云ったが、近衛は松岡の単独罷免を承知せず、七月に内閣、僚刷新を名として総辞職した。

松岡の主張はイルクーツク迄兵を進めよ――と云ふのであるから若し松岡の云ふ通りにしたら大変な事になったと思ふ。彼の言を用ゐなかったは手柄であった」

陸軍の参謀本部を中心にした対ソ戦派・武力北進論に対し、海軍には既定方針通りの武力南進論が多かった。それは、アメリカの石油禁輸政策は日本海軍にとって致命的な意味をもっており、たとえ対米戦争になっても蘭印《らんいん》（オランダ領東インド）の石油を確保すべきである。それにはまずタイ、南部仏印《ふついん》（フランス領インドシナ）に武力進出し、南方の資源獲得に踏み切るべきだというものである。そこに降って湧いたのが独ソ開戦であり、北進か南進かの論議であった。

国際政治は魑魅魍魎、ヒトラーのナチス・ドイツは独ソ不可侵条約を破って突如ソ連侵撃を開始した。

六月二十五日に大本営政府連絡会議が開かれ、南部仏印に対する武力進駐を認める「南方施策促進ニ関スル件」を決定し、天皇の裁可を得た。日本政府はただちにヴィシーのフランス政府と仏印当局と交渉を開始し、日本軍の南部仏印進駐の要求書を突きつけた。要求書は「我が要求に応ぜざる場合には武力を以て我が目的を貫徹す」と銘記した、脅迫状であった。

続いて七月二日、南部仏印進駐にそなえた大本営政府連絡会議は御前会議として開かれ、「情勢ノ推移ニ伴フ帝国国策要綱」を決定した。それは対米英の戦備を整え、情勢の推移によっては「対米英戦も辞せず」というもので、対ソ戦に関してはその準備を整え、時期が到来すれば参戦するというものであった。

すなわち、大本営は松岡や陸軍の北進論

をなだめる意味から八五万人を動員する関東軍特種演習（関特演）を認める一方、南部仏印進駐を強行するために第二三軍と第二五軍に戦闘序列を下令した。同時に日本政府はフランス政府に南部仏印進駐を強要し、日本軍は七月二十八日に第二五軍の第一陣がナトランに上陸を開始する。続いて二十九日にはサンジャックへ、三十日にはサイゴンへ（現ホーチミン市）と上陸したのだった。

この間、国内では五月十二日に日本が提示した日米諒解修正案に対するアメリカの対案が手交され（六月二十一日）、政府連絡会議は紛糾していた。アメリカは「ハル四原則」にもあるように、日本に第三国の領土保全と主権尊重を求める立場から、三国同盟にある日本の参戦義務をなくすよう求めており、日本の立場とは大きな食い違いをみせていた。

さらにハルは対案の提示にあたって、暗に松岡外相を非難する口上書も手交していたため、松岡は激怒し、口上書の撤回を要求した。しかし近衛首相も軍部も南部仏印進駐を決めたこの段階でも、まだ日米交渉に望みをつないでいた。とくに近衛は三国同盟を一時凍結してでも、日米交渉をなんとかまとめたいと考えていた。それには松岡を更迭《こうてつ》しなければならないが、その場合は陸軍若手将校のクーデターが懸念される。結局、近衛は松岡を追い出すために七月十六日に総辞職し、翌々十八日、改めて第三次近衛内閣を発足させたのだった。

対米英戦を念頭に、日本は南部仏印進駐を決行し、米英との対立を決定的にした。

日本軍の南部仏印進駐は欧米各国を一挙に硬化させた。アメリカはフランスのヴィシー政権が日本の南部仏印進駐を承認した（七月二十一日）直後の七月二十四日、仏印の中立化案を提案し、翌二十五日には報復措置としてイギリスとともに日本の在外資産の凍結令布告を発令、イギリスは日英通商条約を破棄してきた。さらにアメリカは八月一日、対日石油輸出の全面禁止令を出し、日本へのA（米）B（英）C（中）D（蘭）包囲網をいっそう強めてきた。こうして日本の南部仏印進駐は、冷えきった日米関係を決定的なものにしてしまったのである。

第2章 真珠湾攻撃は投機的か

軍令部と連合艦隊の対立

日本軍の南部仏印進駐後、米英蘭は対日経済封鎖に続いてフィリピン、シンガポールなどに続々兵力を増強していた。日本を

東京の日比谷公園に隣接した地に赤煉瓦造りの３階建てのビルがあった（現農林水産省のある場所）。海軍省ビルで、この３階が帝国海軍の用兵を司る軍令部であった。

取り巻く戦雲は日を追って強まり、いまや開戦は必至の状況になってきた。

福留繁少将の軍令部第一部ではすでに一九四一年（昭和十六）六月から米英蘭に対する同時作戦計画の立案を開始していたが、そこには真珠湾攻撃は入っていなかった。連合艦隊司令部では軍令部に再三にわたってハワイ奇襲作戦の採用を要求していたが、軍令部は「危険が多すぎる」として首を縦に振らなかった。

米英の対日経済断交が発表された直後の四一年八月七日、連合艦隊首席参謀の黒島亀人大佐は軍令部に乗り込み、大本営の対米英蘭作戦計画案の内示を求めた。だが、提示された作戦計画案には、連合艦隊が求めているハワイ作戦は織《お》り込まれていなかった。黒島は不採用を詰問すると同時に、強硬に採用を迫った。

山本長官に抜擢される形で一九三九年（昭和十四）秋に連合艦隊の先任参謀に任ぜられた黒島は、海軍部内では変わり者でとおっていた。艦内を素っ裸で歩いたり、いつ洗濯をしたかもわからないような下着を平気で着けている。日頃の素行だけではなく、作戦の発想にも奇想天外《きそうてんがい》なところがあった。ハワイ作戦そのものは山本のアイディアとされているが、「好機を狙い空母部隊を艇進させ、敵艦隊に対して奇襲攻撃を行う」という真珠湾攻撃の原型となるアイディアを出したのは黒島だった。この黒島の「空母部隊による奇襲攻撃」案は、昭和十五年度の連合艦隊戦策としてまとめられ、同年度の連合艦隊の演習はこれに従って空母部隊による雷撃攻撃を実施している。

前記したように、山本は大西に真珠湾攻撃の作戦案の検討を命じるとともに、黒島ら連合艦隊の参謀にも検討を命じていた。黒島は航空参謀の佐々木彰《ささきあきら》中佐らを中心に検討を進めていたが、黒島が佐々木に指示した内容は次の三案の比較検討だった。

①敵の警戒が厳重な場合を想定して、三五〇浬《かいり》（約六〇〇km）あたりから艦上爆撃機で敵空母のみを攻撃する。

軍令部第1部（作戦）の参謀たち。前列左から作戦課長富岡定俊大佐、高松宮宣仁殿下、部長福留繁少将、主席部員神重徳大佐。後列左から中野政知中佐、内田政志中佐、佐薙毅中佐、華頂博信少佐、山本祐二中佐、三代一就中佐。

②二〇〇浬（約三七〇㎞）圏内まで接近して、全飛行機で一斉に攻撃を加える。

③艦上爆撃機のみの攻撃に絞り、片道攻撃を行い、潜水艦で収容する。

そして佐々木の出した回答は②案であった。それは偶然にも源田中佐が作成した案と大筋で一致していた。それだけに、黒島にはハワイ奇襲作戦に対する自信と熱意があったのである。

軍令部の作戦室で第一課長の富岡定俊《とみおかさだとし》大佐と対《たい》峙《じ》した黒島は、ハワイ奇襲作戦を、「採用せよ」「採用できない」で激しくやりあった。しかし、論争は平行線をたどったまま結論はみなかった。結局、双方ともお互いの主張を十分に検討し、作戦計画を練り直し、九月中旬に予定されている連合艦隊の図上演習の席で再考しようということで別れた。その図上演習は九月十一日から二十日までの十日間、東京・目黒の海軍大学校で行われた。このとき真珠湾奇襲作戦は一般の図上演習とは別個に、九月十六、十七日の両日にわたって「ハワイ作戦特別図上演習」として、別室で一部の関係者だけで極秘裏《り》に行われている。

すでに海軍では、この図上演習に先立って十月上旬の完成を目途に戦争準備を行う方針を決めている。そこで連合艦隊は八月末をもって、遂行中の訓練と中国戦線の作戦を打ち切り、九月一日には全面的な戦時編成を発令していた。その一方で、連合艦隊は軍令部の反対のなか、着々とハワイ奇襲作戦計画を進めており、八月十五日にはハワイ作戦をも想定した急速戦備実施命令を出して、各部隊に訓練と作戦計画の研究を下令した。そして八月二十八日には、第一航空艦隊の源田中佐を中心に、北方航路を通って真珠湾を奇襲するという「ハワイ奇襲作戦計画案」をまとめ上げていた。海軍大学校での図上演習は、この一航艦の計画案に沿って行われたのである。

図演には山本連合艦隊司令長官、南雲第

大本営海軍部作戦室における図演の模様（1942年2月）。左から華頂少佐、永野軍令部総長、伊藤軍令部次長、福留第１部長、内田中佐、富岡第１課長、神大佐、佐薙中佐、山本中佐、岡軍務局長、三代中佐。

一航空艦隊司令長官をはじめ、各参謀長、首席参謀、航空参謀が参加し、軍令部の福留第一部長、富岡第一課長と同部員が見学した。そして図演の戦果判定は、第一、第二航空戦隊を基幹とする第一航空艦隊（空母四隻）の空母は全滅と出た。

　第一航空艦隊の航空乙参謀だった吉岡忠《よしおかただ》一《かず》少佐（当時）は機動部隊完敗と出た図演最後の日、別室を出る二人の長官を見ている。南雲の左肩に右手を置いて、いたわるように山本は「実戦では今回のように全滅することはないよ」と慰めていたという。

　こうして図演最終日の九月二十日に行われた研究会で、宇垣纏《うがきまとめ》連合艦隊参謀長はハワイ作戦の戦果判定から第一航空艦隊の兵力は不足であり、すみやかに第五航空戦隊の「翔鶴」「瑞鶴」を就役させ、第一航空艦隊に配属させることが必要であると「指導」した。だが、前出の吉岡参謀の目撃談にもあるように、このハワイ奇襲作戦が計画に上ったときから、南雲司令長官や草鹿龍之介参謀長ら実働部隊の第一航空艦隊首脳は軍令部同様、ハワイ作戦には反対の態度をとっていた。ましてや図上演習で空母全滅という判定が出た。反対の気運はいっそう強くなっていた。

終結した連合艦隊の内紛

　海軍大学校での図上演習が終わった直後の九月二十四日、軍令部作戦室でハワイ奇襲作戦の採否をめぐる討議が行われた。軍令部からは福留第一部長、富岡第一課長と部員全員、連合艦隊からは九月一日付で伊《い》藤整一《とうせいいち》少将に替って第八戦隊司令官から転任した宇垣纏参謀長と黒島、佐々木両参謀、そして第一航空艦隊からは草鹿参謀長と大石、源田の両参謀という顔ぶれである。

　第一航空艦隊では源田参謀はハワイ作戦に賛成だが、あとは草鹿参謀長をはじめ消極的で、むしろ反対のニュアンスが強かった。作戦が正式決定されれば、その実戦部隊の参謀長となる草鹿少将は「戦術的には見込みはあるが、戦略的、政略的には成功困難で、成否の鍵は敵の不意に乗じて奇襲しうるかどうかにある。それよりも南方作戦の兵力が足りない。むしろ南方に母艦兵力を集中して、すみやかに南方を片付けるほうが大局的に有利である」といい、はっきりと反対を表明したほどだった。奇襲作戦に積極的なのは連合艦隊のスタッフだけだった。もちろん結論は出なかった。

　最後に福留第一部長がいった。

「中央としては諸般の関係上、できるだけ早く開戦することとしたい。十一月二十日ごろを考えている。ハワイ作戦をやるかやらないかは中央で決める」

　連合艦隊首席参謀の黒島亀人大佐はぶぜんたる表情で席を立ち、「軍議は戦わず、ですよ」とつぶやいた。

　旗艦「陸奥《むつ》」に帰った連合艦隊の参謀たちは、山本司令長官に会議のなりゆきを報告した。山本は会議がもたれたこと自体に不満で、参謀たちは大目玉を食った。

「だいたい、お前たちはハワイ攻撃をやらないで南方作戦ができると思っているのか。誰が会議などやってくれと頼んだのだ、戦《いくさ》は自分がやる。会議などやってもらわなくてよろしい」

富岡定俊大佐

福留繁少将

黒島亀人大佐

宇垣纏少将

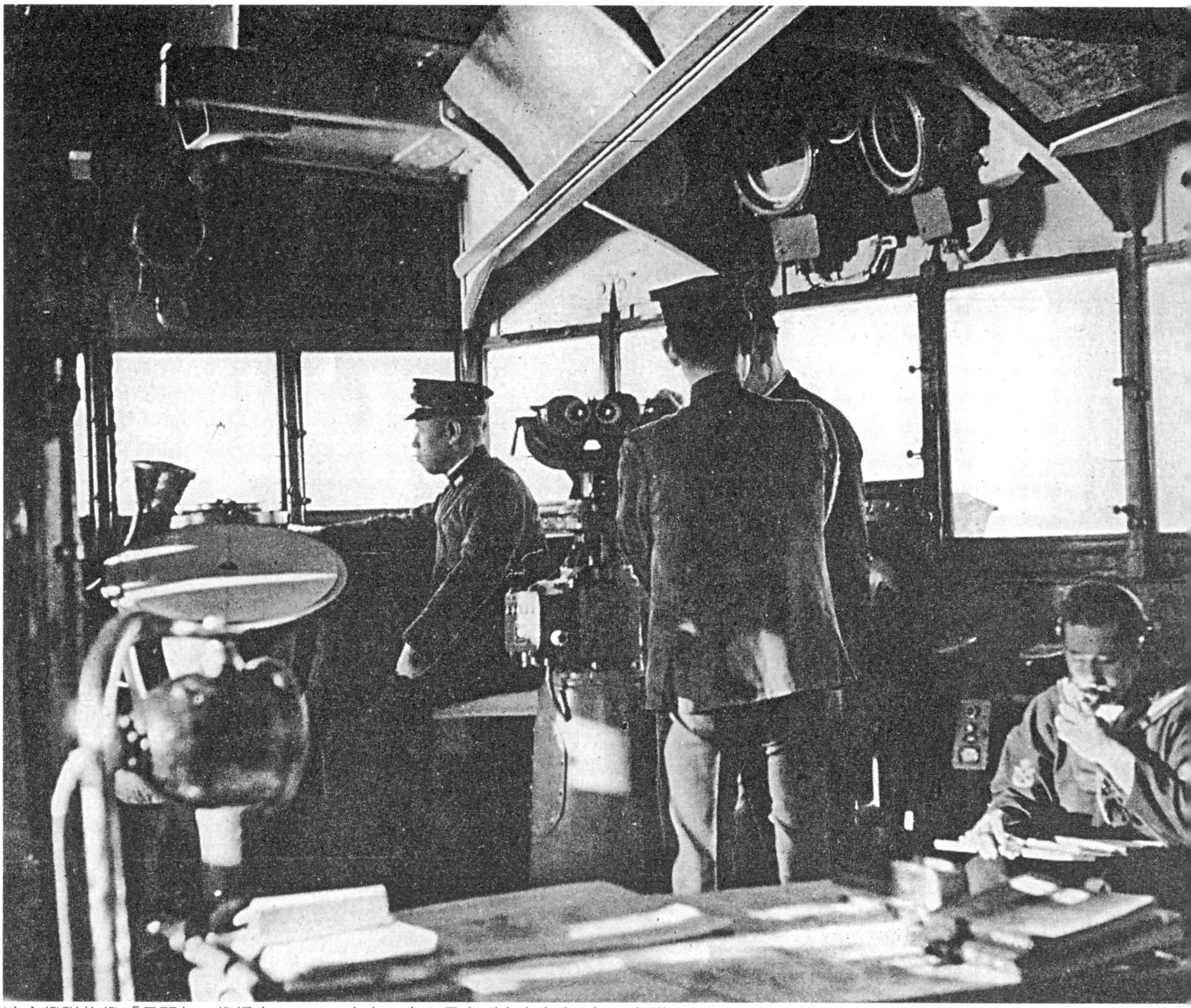

連合艦隊旗艦「長門」の艦橋内における山本五十六長官（中央左向き）と参謀たち。

連合艦隊司令部の参謀たちが大目玉を食ったころ、鹿児島の鹿屋基地では極秘の会議がもたれていた。九月二十九日に行われたこの会議は、第一航空艦隊の南雲司令長官、草鹿参謀長、大石首席参謀、それに源田、吉岡両航空参謀の首脳が、第一一航空艦隊司令部の塚原《つかはら》二四三《にしぞう》司令長官と大西瀧治郎参謀長を訪問するかたちで行われた。議題はもちろんハワイ奇襲作戦の成否である。

一航艦側の意見は従来通りで、開戦劈頭このような一《いち》か八《ばち》かの投機的な奇襲攻撃は取り止めるほうが適当であるというもので、一一航艦側も同意見だった。そこで会議は、南雲・塚原両長官名で山本連合艦隊司令長官にハワイ作戦を止めるよう意見具申することになり、両艦隊の草鹿・大西参謀長が山本長官を訪れることになった。

十月三日、草鹿と大西は一航艦の源田・吉岡両航空参謀を伴って大分の佐伯湾に碇泊している連合艦隊旗艦「陸奥」を訪れ、山本長官に面会を求めた。

会議は大西参謀長の発言で始められた。大西は、フィリピンの米航空兵力はますます増強されており、第一一航空艦隊の現有兵力で対処するには不十分である。第一航空艦隊に比島《フィリピン》航空撃滅作戦をやってもらいたい。ハワイ作戦の実施は再考願いたいといった要旨を述べ、次いで草鹿参謀長が、ハワイ奇襲作戦はあまりにも投機的すぎ、反対であると述べた。

　山本は応じた。

「では南方作戦中に東方から米艦隊に本土空襲をやられたらどうする。南方の資源地域さえ手に入りさえすれば東京、大阪が焦土となってもよいというのか。とにかく自分が連合艦隊司令長官であるかぎり、ハワイ奇襲作戦は断行する決心であるから、両艦隊とも幾多《いくた》の無理や困難はあろうが、ハワイ奇襲作戦は是非やるんだという積極的な考えで準備を進めてもらいたい。君たちが行かなければ、おれが行くよ」

　山本の語調には断固たる決意がみなぎっている。そして、やや表情をやわらげて言葉を継いだ。

「僕がいくらブリッジや将棋が好きだからといって、そう投機的だ、投機的だというなよ。君たちのいうことも一理あるが、僕のいうこともよく研究してくれ」

旗艦「長門」の艦橋で艦隊を指揮する山本五十六長官。後ろに立つのは宇垣纒参謀長。

　大西と草鹿は長官の決意が不動のものであることを知った。ことに大西は、途中から草鹿を説得する恰好《かっこう》になり、二人はハワイ奇襲作戦の遂行に努力することを誓ったのだった。

　草鹿少将は戦後の著書で回想している。

――私が旗艦を辞するとき、長官自らが異例にも私を舷側まで送って来られ、背後から私の肩をたたき、

「草鹿君、君のいうことはよくわかった。しかし、真珠湾攻撃は今日、最高指揮官たる私の信念である。今後はどうか私の信念を実現することに全力を尽してくれ。そして、その計画は全部君に一任する。なお南雲長官にも君からその旨伝えてくれ」

　と誠実を面《おもて》に現わしていわれたのである。この瞬間、私はこの長官のために全知全能を尽くそうと心中ふかく誓ったのである――

――（『連合艦隊の栄光と終焉』）

　こうして連合艦隊の〝内紛〟は終わり、ハワイ奇襲作戦は連合艦隊の最重要作戦として正式に歩きはじめた。

恫喝で決まった真珠湾奇襲作戦

連合艦隊内の意思は統一されたが、作戦の決定権を持つ軍令部の決定は得ていない。だが、連合艦隊側の作戦準備は着々と進められていた。現場の中央への反乱である。

戦艦「加賀」に招集された第1航空艦隊の指揮官たちに初めて真珠湾を攻撃することが告げられた日、長官室の長テーブルには精巧に作られた真珠湾の模型が据えられていた。写真は上空から見た真珠湾の全景。

山本長官と草鹿・大西両参謀長の会議があった四日後の十月七日、九州各地の基地に分散して訓練に励んでいた第一航空艦隊麾下《きか》の各航空戦隊司令官、幕僚、艦長、飛行長、飛行隊長が有明湾に碇泊している第一航空艦隊旗艦「加賀」に招集された。

長官室の長いテーブルの上には、黒い布で覆われた正方形の板が二枚置かれてある。そのテーブルの中央に位置を占めた南雲中将は、おもむろに話し出した。

「本日みんなに参集してもらったのは余の儀ではない。万一、日米開戦ともなれば、わが第一航空艦隊はＡＩ（海軍で使っていたハワイの略語）空襲を行う予定である。容易ならざる作戦であるが、なんとか成功までこぎつけなければならない。問題は極秘中の極秘であり、機密の漏洩《ろうえい》は即敗北を意味する。しかし、いっさいを機密の幕の中に包んでいては訓練にも身が入らないだろうし、また、訓練計画や実施も思うにまかせないだろう。そこで直接飛行隊の教育訓練にあたる各飛行隊長および各艦長、飛行長などに集まってもらった次第である。計画の概要については、幕僚に説明させるから、十分に打ち合わせをしてもらいたい」

南雲中将の話が終わると同時に、テーブルの上の黒布が取り払われた。ハワイ・オアフ島のみごとな模型と真珠湾の模型であった。

草鹿参謀長が二つの模型を前に話を引き取る。

「まだ攻撃計画は立案中であり、諸君の意見を徴《もと》めた上で練り上げるのであるが、この作戦が成功するか否かは、いつにかかって雷撃が可能かどうかにある。山本長官もその点を非常に心配されている。いまから

真珠湾攻撃成功の鍵は艦攻による魚雷攻撃が出来るかどうかにかかっている。雷撃隊長村田少佐の「なんとかいきそうですなあ」で、作戦は決行となった。写真は12月7日に真珠湾上空に突入した艦上攻撃機。

航空参謀にハワイ方面の概況と攻撃計画の素案を説明させるが、雷撃の能否について一応の見当をつけてもらいたい」

こうして源田中佐が真珠湾の米軍の配備、地形などの説明と攻撃計画の概要を説明した。そして雷撃、水平爆撃、急降下爆撃、戦闘機などの各専門別に分かれて模型を見ながら検討に入った。

連合艦隊司令部や第一航空艦隊の幕僚たちは、山本長官からハワイ奇襲攻撃案を示されてからは、全海軍からそれとなく各科の優秀な人材を集め、適材適所に異動させていた。そして目的は明かせなかったが、真珠湾攻撃を想定した各種訓練を課してきた。浅海面《せんかいめん》雷撃訓練もそうであれば、水平爆撃の命中精度アップ訓練もその一つだった。だから、春が過ぎ、七月、八月を過ぎるころからは、ベテランたちはその訓練内容から〈もしかしたら日米開戦でハワイを攻撃するのでは?〉と推測していた者もいた。この日、南雲長官の口から初めて計画が漏らされたとき、各隊長たちが驚きの表情も見せず、きわめて冷静に聞き入っていたのも、そうした予測を立てていた者が多かったからに違いない。

八月末に横須賀航空隊教官から第四航空

戦隊の空母「龍驤《りゅうじょう》」の飛行隊長に、さらに「赤城」の飛行隊長へと転任した雷撃のベテラン村田重治《むらたしげはる》少佐もその一人であった。「ぶつ」という渾名《あだな》で親しまれているその村田少佐に源田は聞いた。

「どうだ、ぶつ、できるか？」

「なんとかいきそうですなあ」

村田少佐はさらりと言った。この村田の返事で源田は真珠湾攻撃は決行できると確信した。そこで連合艦隊司令部は十月九日から十三日までの五日間、新たに旗艦になった戦艦「長門」で図上演習を行った。図演は草鹿参謀長の要望で新鋭の二空母「翔鶴」「瑞鶴」を擁する第五航空戦隊も加えた六空母参加のもとに行われた。ところが、この図演のために出張してきた軍令部の航空作戦・航空軍備担当の三代辰吉《みよたつきち》中佐は、ハワイ作戦への六空母使用はとうてい望みがたいことだといって帰京していった。このとき軍令部は、すでに十月七日に陸海軍中央航空協定に出す案の中に、第一、第二航空戦隊の四隻の空母をハワイ作戦に、第五航空戦隊の二空母は南方作戦に当てることを盛り込んでいたのである。

永野修身軍令部総長

図演に先立って草鹿参謀長から六空母参加を求められたとき、山本長官は「私が長官であるかぎり、ハワイ奇襲作戦は必ずやる。やるかぎりは実施部隊の要望する航空母艦兵力の実現には全力を尽くす」と言明している。それだけに山本は軍令部の態度に不満だった。図演後、山本はただちに草鹿参謀長を上京させ、空母六隻使用案の採用と給油艦の配属を大至急行うことを交渉させることにした。

草鹿は十月十六日に軍令部に出頭した。ところが軍令部はハワイ作戦に全空母を使用することは頑《がん》として認めない。草鹿は連合艦隊司令部に交渉の行き詰まりを連絡し、善後策を要望してきた。山本長官は首席参謀の黒島大佐に至急東京に飛ぶよう命じた。ここで軍令部に押し切られてはハワイ作戦は水泡《すいほう》に帰してしまう。使用空母は六隻でなければならない。黒島は十八日に上京したが、山本は黒島の出発にあたって軍令部への〝伝言〟を申し渡した。

伊藤整一軍令部次長

「ハワイ作戦に空母全力をもって実施する決心に変わりはない。自分は職を賭しても断行する決意であることを軍令部に伝えよ」

全空母をもって敢行するハワイ作戦が認められなければ、連合艦隊司令長官を辞めるというのである。

十月十九日、黒島は軍令部に出頭した。だが、ハワイ作戦そのものに反対である第一部長の福留少将と第一課長の富岡大佐は、全空母使用などとても認められないと突っぱねた。軍令部としては、万が一に備えて連合艦隊が推すハワイ作戦の準備も進めてはいるが、その場合でも使用空母は第一、第二航空戦隊の四空母と決めている。

第一部との交渉ではラチがあかない。黒島は軍令部次長の伊藤整一少将に直接面会

首相に就任して前首相の近衛文麿との引き継ぎ終了後の東條首相（右）。

近衛文麿が内閣を投げ出し、東條内閣が誕生し、日米関係の悪化に拍車をかけた。写真は親任式後の記念撮影。

を求めて交渉を再開した。伊藤少将は九月一日付で軍令部次長に転出するまでは山本長官の下で連合艦隊参謀長の職にあり、首席参謀の黒島とは日夜顔を合わせていた間柄である。

　黒島は連合艦隊の図上演習や各戦隊の訓練成果なども含めて、ハワイ奇襲作戦の政戦両面の必要性を詳細に説明した。そして、切り札の〝伝言〟を出した。

「山本長官は、もしこの案がどうしても採用できないというのでしたら、連合艦隊司令長官の職をご辞退すると申しておられます」

　黒島の説明を聞き終わった伊藤次長は、「ちょっと待て」と黒島にいい、総長室に入っていった。しばらくして永野《ながの》修身《おさみ》軍令部総長が次長室に顔を見せ、黒島に言った。

「山本長官がそれほどまでに自信があるというのならば、総長として責任をもってご希望どおり実行するようにいたします」

　山本五十六長官の〝恫喝《どうかつ》〟は見事に決まった。真珠湾奇襲作戦は、これで日本海軍の正式な作戦計画となったのだった。

　この頃、日米交渉もまた押し合いを繰り返していた。十月二日、ハル国務長官は日本の中国・仏印からの全面撤兵を要求し、同時に日独伊三国同盟についても実質的な骨抜きを求める内容の文書を手交してきた。翌三日、野村大使は豊田外相に「日米交渉はついにデットロックとなれる感あり。世界政局に大なる変化ある場合、及び日本が政策を転向する場合のほか、対日外交は不変なりと思考す」と具申してきた。

　この米国の態度を見て、陸軍はもはや外交交渉によって日本の要求を貫徹することは不可能であるとして、ただちに「対米開戦を決意する」よう政府連絡会議に要求しはじめた。だが、海軍側はまだ日米の交渉には余地があるとし、外交交渉に望みをつないでいた。

　こうした陸軍と海軍の攻めぎあいの狭間で首相の近衛文麿はすでに政権への意欲をなくし、ついに十月十六日、内閣を投げ出してしまった。そして連合艦隊と軍令部がハワイ奇襲作戦の採否をめぐって激しい攻防を展開していた最中の十七日、東條英機《とうじょうひでき》陸相に組閣の大命が下り、翌十月十八日、東條内閣が誕生した。

　アメリカは陸相兼任の現役軍人内閣登場を好戦内閣と決めつけ、日米交渉の妥結を実質上あきらめてしまった。開戦は秒読みに入っていった。

追い込みの猛訓練に励む機動部隊

日米が開戦した場合、まずハワイ真珠湾の米太平洋艦隊を奇襲するという作戦は、既記したように連合艦隊では十月七日の「加賀」の会議で初めて現場指揮官には知らされたが、一般隊員にはまだまだ極秘事項であった。

航空隊の訓練は別表のように機種別に基地を定めて行われていた。それまでの日本海軍では、航空母艦搭載機の直接教育担任者は艦長であった。しかし、航空部隊の特性から、実戦の空中では戦隊や艦隊の兵力は統合して使用される。それを母艦ごとにバラバラに訓練していたのでは、実戦でうまく統一がとれるかどうか危うい。ましてや三個航空戦隊が合同して行う真珠湾攻撃のような大作戦では、一糸乱れぬ統一行動が勝敗のカギを握る。そこで第一航空艦隊の源田中佐ら航空参謀たちは、各航空戦隊の飛行機を機種別の飛行隊に分け、各空中攻撃隊指揮官が平素の訓練も統一して行うようにしたのである。

江草少佐が指揮する艦爆隊（急降下爆撃隊）の訓練場となった鹿児島県の笠之原飛行場跡。

源田中佐は記している。

「たとえば、第一、第二航空戦隊の艦上爆撃機は、蒼龍飛行隊長江草隆繁《えぐさたかしげ》少佐が統一指揮官になっているので、第一航空戦隊の艦爆隊は富高に、第二航空戦隊の艦爆隊は笠之原に集中し、この両者を合わせて江草少佐が指揮するようにした。また艦上攻撃機については、第一航空戦隊は鹿児島、第二航空戦隊は出水《いずみ》（鹿児島県）にあるが、そのうち水平爆撃隊は淵田美津雄《ふちだみつお》中佐、雷撃隊は村田重治少佐が統一指揮をするようにしたのである。水平爆撃隊の爆撃嚮導機《きょうどうき》は、各航空戦隊のものを全部鹿児島基地に集中し、加賀飛行隊長橋口喬《はしぐちたかし》少佐（爆撃のベテラン）指導のもとに、赤城分隊長布留《ふる》川泉《かわいずみ》大尉を補佐とし、特別に爆撃技術の訓練を行ったわけである。

第一、第二航空戦隊の艦戦隊（戦闘機隊）は、全部佐伯基地に集中し、赤城飛行隊長板谷茂《いたやしげる》少佐が統一訓練を行ったのである」（『真珠湾作戦回顧録』）

　そして、この艦爆、水平、雷撃の各指揮官を指導統制するのが、この作戦のため特に「艦隊司令部幕僚事務補佐」に任命され、八月末に「赤城」飛行隊長に着任した淵田《ふちだ》美津雄《みつお》中佐（十月十五日に中佐に進級）であった。すなわち、空中においても、訓練においても淵田中佐が実質上の飛行機隊総指揮官になったのである。

　隊員たちは淵田中佐を総隊長と呼び、連日の猛訓練を繰り返した。ところが、訓練が進むにつれて艦隊の参謀や現場の隊長たちに難問が降りかかってきた。訓練の密度と機密保持の矛盾《むじゅん》である。

淵田美津雄中佐

江草隆繁少佐

基地（県）	機種・航空戦隊	機数	基地支援空母
鹿児島（鹿児島）	第1航空戦隊艦攻隊及び水平爆撃嚮導隊	64機	空母「赤城」
出水（鹿児島）	第2航空戦隊艦攻隊	32機	空母「飛龍」
富高（宮崎）	第1航空戦隊艦爆隊	45機	空母「加賀」
笠之原（鹿児島）	第2航空戦隊艦爆隊	36機	空母「蒼龍」
佐伯（大分）	第1、2戦隊艦戦隊	72機	空母「赤城」
宇佐（大分）	第5航空戦隊艦攻隊	48機	空母「瑞鶴」
大分（大分）	第5航空戦隊艦爆隊	54機	空母「翔鶴」
大村（長崎）	第5航空戦隊艦戦隊	36機	空母「翔鶴」

◎第5航空戦隊艦戦隊（艦上戦闘機）は着艦訓練開始時から大分

　日本の海軍は年に二回、大幅な人事異動をやった。一回目は幹部の大部分が異動する年度末の十一月に行い、二回目が中期の四月である。したがって教育年度始めにあたる十二月は、一般隊員の練度は最低で、逆に十月は最高の時期である。その練度最高の時期に、碇泊艦に対する爆撃や雷撃の訓練を繰り返しているのだから、隊員が疑問を持つのは当然だった。碇泊艦への攻撃訓練などは年度始めの初歩的訓練であり、ましてや雷撃などは、この時期に一〇〇パーセントの成績を上げ得ない隊員は一人もいない。

　もちろん隊員たちは真珠湾を奇襲するという作戦計画は知らされていないが、日米関係が不穏で、外交交渉がうまくいっていないことは新聞などで知っている。のちに「加賀」の艦攻隊を率いて水平爆撃隊に加わる飛行隊長の橋口喬《はしぐちたかし》少佐は、ある日、風呂場で搭乗員たちが雑談しているのを耳にした。

「いったい、どこをやるつもりなんだろうなあ」

鹿児島市内から錦江湾を挟んで桜島を望む。この錦江湾で村田重治隊長の下に雷撃の訓練が行われた。雷撃機は桜島の東から山腹を這うようにしながら高度を下げ、市の北方の台地から左旋回して甲突川の渓谷に進入し、市街上空から高度50メートルに下げて錦江湾に向かって魚雷を放つのである。

「マニラか、シンガポールかな?」
「けど、あそこには戦艦はいないぞ」
「まさか、ハワイじゃないだろうな……」

橋口少佐はギクっとした。そこで航空参謀の源田中佐に「参謀、注意しないといけませんなあ」と、事の次第を耳打ちしたという。考えれば、ベテラン搭乗員になれば、毎日の訓練内容から港に碇泊している艦艇群を攻撃対象にしていることは容易に想像がつく。そして戦艦や空母がいる港となれば、仮想敵国の中ではハワイの真珠湾ということになる。

そのうちに鹿児島の錦江湾《きんこうわん》で応用訓練として碇泊艦を目標に雷撃訓練をやるという。隊員たちは〈動かない艦など命中するに決まっているのに……〉と誰しもが思った。だが、目標は陸岸から五〇〇メートル、水深一二メートルで陸地から接敵するといわれ、今度は隊員たちが驚いた。できるはずがないからだ。

空母「赤城」の最年少操縦員として真珠湾攻撃に参加した雷撃隊の後《ご》藤《とう》仁《じん》一《いち》中尉(のち少佐)は、太平洋戦争研究会の取材で回想している。

「当時の雷撃法は、洋上で高速自由回避する大艦を目標とし、発射高度は艦攻で五〇

九州地区の各飛行場（基地）に分かれての爆撃、雷撃、制空の訓練は実戦を想定した激しいものだったが、水深が浅い真珠湾攻撃を前提にした雷撃訓練は難航していた。

村田重治少佐

板谷茂少佐

～一五〇メートル、発射距離は目標から一〇〇〇メートル付近であった。発射された魚雷は、海中に入ると一度、約六〇メートルの深さ（沈度）まで沈んでから浮き上がり、調定深度を保って自力で駛走《しそう》する。沈度一二メートルなど夢ではないか。

また、爆弾と異なり精密な機械で自走する魚雷には、数段階の安全解除があり、最後の爆発尖《せん》解除までには五〇〇メートル近い雷道が必要と聞いていた。陸岸から五〇〇メートルの目標では、発射が一瞬遅れたら命中しても爆発しない」

村田隊長の下に雷撃訓練がはじまった。そして訓練の成果は確実に上がっていった。だが、まだ万全とはいえなかった。ある日の訓練では七〇パーセントの成功率を上げるが、次の日には五〇パーセントも魚雷が走らないことがある。それは投下直後、魚雷があまりにも深く潜り過ぎるからである。

真珠湾攻撃で使用された魚雷の大部分は九一式改二で、一部が九一式改三と呼ばれたものである。これは航空本部技術部部員兼艦政本部二部部員の愛甲文雄《あいこうふみお》少佐（のち大佐）と、水雷の専門家である横須賀航空隊教官の片岡政市《かたおかまさいち》少佐の二人が九一式魚雷の改良に取り組み、魚雷の回転を防ぐ安定

空母「赤城」の根岸中尉の発案による高度６メートルくらいの超低空から魚雷を放つ訓練が錦江湾で行われた。写真は桜島を望む垂水の錦江湾。

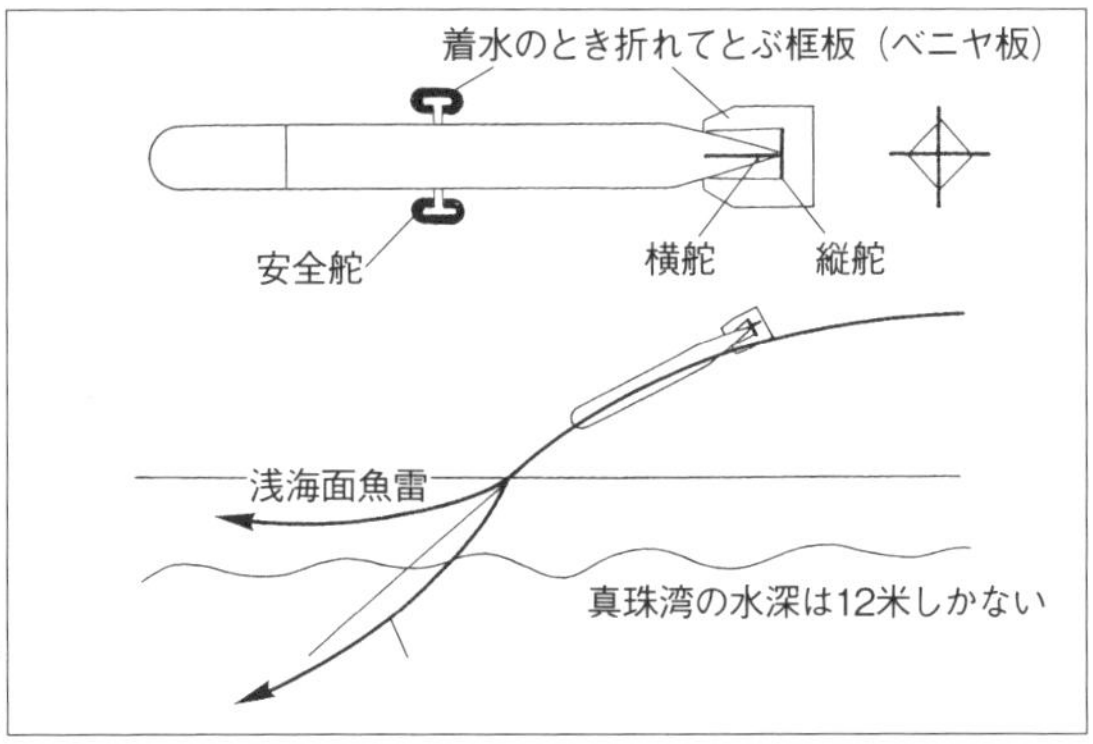

愛甲文雄少佐らの尽力で開発された浅海面魚雷図。

装置や、雷道を一定に保つ「框板《きょうばん》」と呼ばれる装置などを開発して浅海面魚雷の開発にも取り組んだのである。その結果、発射高度三〇メートル、発射機速一五〇ノット以上の場合は魚雷の沈度は一二メートル以内で、一〇〇パーセントの成績を上げた。実験成績の報告を受けた軍令部では、十一月三十日までにこの浅海面魚雷一〇〇本の製造と整備を要求し、さらに期間を短縮して十一月十五日までに完納せよと要求してきた。

十一月初めには水平爆撃も急降下爆撃も、ほぼ予定の成績を上げられるようになり、訓練はほとんど終了に近かった。残るは雷撃だけだった。真珠湾奇襲攻撃の成否は一に雷撃にかかっている。ところが、愛甲少佐たちが開発した新型魚雷はまだ配備されていなかったから、現場の航空隊では水深わずか一二メートルという浅い真珠湾での雷撃を成功させる目途《めど》はまだ立っていない。

源田中佐は書いている。

――演習が終わって、鹿児島基地で最後の検討を行ったのであるが、全員匙《さじ》を投げた恰好で、手のほどこしようもなく、暗い雲に覆われたようで楽天家の村田少佐さえ、「もう艦爆にお願いする外、途《みち》はない」

鹿児島海軍航空隊の慰霊碑（貴様と俺の碑）。

村田少佐指揮の雷撃訓練で目標の一つになった鹿児島市の山形屋呉服店ビル。雷撃隊は甲突川渓谷から高度50メートルで市街に入り、山形屋ビル付近で左に旋回、海岸のガスタンクをかわしながら高度を下げて魚雷を発射した。

鹿児島海軍航空隊の基地跡の鴨池公園に建てられた記念碑（赤心の碑）。

とまでいい出す始末であった。この時、赤城の若い中尉、根岸君が突如発言した。

「どうです、脚を出し、高度六米位で発射したら。どのみち、命は投げ出しているのだし、射たれたってもともとですよ」

「最後の試みで、それをやって見ようか」

村田君がいった。他の者も、「ともかく、やってみよう」というので、翌日からその研究にとりかかることとし、別に村田少佐の発議で、十六年初頭から横須賀航空隊で研究したものを、そのまま修正を加えないで発射する案もやってみることにした。

この両案のうち、一つ成功すれば見込みはあるが、両案共に失敗すれば、万事休すである――（月刊『人物往来』所載「真珠湾奇襲の秘策」）

敵艦に向かって海面すれすれに飛び、抱いた魚雷をそっと置くように発射する。この従来の雷撃思想をくつがえす実験は十一月十日ごろ鹿児島湾で行われた。実験は大成功だった。駛走《しそう》率八三パーセントという。この頃、各母艦は最後の補給のために佐世《させ》保《ぼ》や徳山、呉《くれ》などに入港して出港準備に追われていたが、佐世保でこの報告を聞いた源田中佐は、これで真珠湾攻撃はなかば成功したと思った。

第3章 南雲機動部隊出撃す

「開戦か和平か」ついに出た出撃命令

日米交渉はその後も進展を見せず、双方の合意点を見つけることはほぼ絶望的になっていた。東條内閣成立後の政府連絡会議は、一九四一年十月二十三日から連日開かれ、対米戦争突入に際しての討議を重ね、十一月一日に最終結論を出すことになった。その十一月一日の連絡会議は延々一七時間におよぶ大激論となった。会議では東條首相の指示により、次の三案にしぼって討議された。

「未曾有の重大世局に際会し、不肖はからずも大命を拝しまして恐懼感激に堪えないのであります…」と、首相官邸からラジオを通して首相就任演説を放送する東條英機首相（1941年10月18日）。この五日後から開かれた政府連絡会議で「開戦か和平か」で大激論が展開される。

第一案　戦争せず臥薪嘗胆《がしんしょうたん》する。
第二案　ただちに開戦を決意し、武力解決する。
第三案　戦争決意のもとに、作戦準備と外交を平行して行う。

東條首相は第三案を選ぶといい、東郷茂徳《とうごうしげのり》外相、賀屋興宣《かやおきのり》蔵相、嶋田繁太郎《しまだしげたろう》海相、鈴木貞一《すずきていいち》企画院総裁は同意したが、開戦派の杉山元《すぎやまはじめ》参謀総長や永野修身軍令部総長ら統帥部は猛烈に反発し、東郷外相と正面衝突を演じた。会議は何度か決裂寸前に追い込まれ、深夜におよんだ。

東郷外相は辞任も考え、広田弘毅《ひろたこうき》元首相を訪れて実際に辞任を相談したが、「君が辞めれば戦争に賛成する者が起用されるだけだから、職にとどまって交渉成立に全力をつくすべきだ」と説得され、しぶしぶ踏みとどまった。そして次の「帝国国策遂行要領」を決めて散開した。

帝国国策遂行要領

一、帝国は現下の危局を打開して自存自衛を完うし、大東亜の新秩序を達成するため、この際、対米英蘭戦争を決意し、左記措置を採《と》る。

一、武力発動の時期を十二月初頭と定め、陸海軍は作戦準備を完整す。

二、対米交渉は別紙要領により行う。
三、独伊との提携強化を図る。
四、武力発動の直前、泰《タイ》との間に軍事的緊密関係を設定す。
二、対米交渉が十二月一日午前零時までに成功すれば、武力発動を中止す。

そして、この「帝国国策遂行要領」は十一月五日の御前会議で決定され、日本は対米英蘭戦争に突入したのである。

この日、永野軍令部総長は山本連合艦隊司令長官に正式に作戦命令を下した。連合艦隊はただちに各艦隊に「機密連合艦隊命令作第一号」を出し、作戦海面への出撃準備を命じた。そして陸上基地で訓練に励んでいた各飛行隊は急遽、母艦へ収容された。

11月5日の御前会議の決定を受けて、軍令部から作戦海面への出撃命令を受けた連合艦隊司令長官山本五十六大将は、空母「赤城」艦上で艦隊出撃の訓示を行った。写真は艦上の山本長官。

真珠湾攻撃の機動部隊は十一月二十二日の択捉島の単冠《ヒトカップ》湾集結を前に、十一月十六日、佐伯湾に集合した。そして翌十七日午後三時二十分から山本五十六連合艦隊司令長官の訓示が行われた。訓示の正確な記録は残っていないが、空母「赤城」の飛行甲板で行われたこの長官訓示には、機動部隊の各級指揮官、幕僚、飛行科士官などが参列した。第一次攻撃隊総指揮官・淵田美津雄中佐によれば、山本長官の訓示の内容は次のようであった。

「今次の行動は万一対米開戦の止むなきに至った場合、開戦劈頭遠く真珠湾方面にある米国太平洋艦隊の主力に攻撃を加えんとするものであって、本作戦の成否は爾後のわが作戦の運命を決するものである。

もとより本作戦は幾多の困難を排除して、敵の意表に出る着想の下に計画されているのであるが、敵もあらゆる起り得べき事態に対処して、周到な警戒措置が講ぜられていることは推察される。諸士は充分心して、強襲となることも覚悟し、不覚をとらぬよう心掛けねばならぬ」(『真珠湾の真相』)

いよいよ出撃である。機動部隊の各艦艇は十一月十八日から十九日にかけて、それぞれ佐伯湾と別府湾から出撃した。単冠湾到着はいずれも十一月二十二日に置いていたが、企図秘匿《ひとく》のため出港日時をわざとずらしたり、変えたりしていた。

機動部隊の各艦船は出港と同時にいっさいの電波発信を禁じられ、一般乗組員にはまだ目的も知らされていなかった。伝えられたのは「訓練地に向かう」ということだけだった。そして、将校を除く搭乗員に初めて真珠湾攻撃の企図が知らされたのは、単冠湾に集結してからの十一月二十四日だった。

同時に、「赤城」にあるオアフ島と真珠湾の模型が一般搭乗員に公開されたのもこの日だった。

源田実中佐は、前出書に書いている。

「十一月も末になると千島列島の山々は、一面雪に覆われて、寒々とした光景である。

択捉島の単冠湾に集結した南雲機動部隊（第1航空艦隊）。

その寒々とした南千島の択捉島《エトロフ》、単冠湾に十一月二十二日から二十四日の間に、機動部隊の各艦は、途中個別の行動をとりながらも集結を終わった。最後に入港した加賀から、安定板の装備された浅海面用魚雷（合計百本）も受け取ったし、航続力の少ない赤城や二航戦の各艦などは、艦内の諸通路にまでドラム罐入りの重油を積み込み、準備万端ととのったというところである。私だけかもしれないが、赤穂浪士が討ち入りの前夜、そば屋の二階に集まったとき、同じような感情を抱いたのではあるまいかと思った」

　機動部隊が単冠湾に急いでいる十一月二十日、軍令部第一部長の福留繁少将は柱島《はしらじま》泊地に停泊していた連合艦隊旗艦「長門」を訪れた。福留少将は日米交渉が行き詰まり状態になっていることを伝え、同時に、二十一日付で発令予定の所要部隊の作戦海面進出を下令する大本営海軍部の「大海《だいかい》令《れい》」と「大海指《だいかいし》」を手交した。

大海令　第五号

昭和十六年十一月二十一日

一、連合艦隊司令長官は作戦実施に必要なる部隊を適時作戦海面に向け進発せしむべし

単冠湾の艦上から眺めた択捉島。

二、連合艦隊司令長官は作戦準備行動中米国、英国又は蘭国軍の挑戦を受けたる場合自衛のため武力を行使することを得

三、細項に関しては軍令部総長をして之を指示せしむ

大海指　第七号

昭和十六年十一月二十一日

一、連合艦隊司令長官は所要の部隊を作戦海面に進発せしむると共に、爾余の部隊をして開戦初頭の配備に応ずる如く行動せしむべし

二、大海令第五号による武力行使は米英蘭国海上兵力が領海に侵入し偵察行動を執りたる場合、竝に我領海附近に近接し、其の行動我を危殆ならしむる如き積極的行動を執りたる場合に限定す

連合艦隊司令部は、この大海令と大海指の発令により、十一月二十一日午前零時、麾《きか》下の艦隊に「第二開戦準備」を発令、単冠湾の機動部隊は予定どおり十一月二十六日の朝、一斉に錨を上げた。片道三五〇〇浬におよぶ奇襲作戦の開始である。

防衛庁の戦史叢書《そうしょ》の執筆者は、機動部隊出発の模様を日記ふうにまとめている。

真珠湾を目指して単冠湾を出航した機動部隊。択捉島も次第に遠ざかっていく。

十一月二十六日（水）　曇

すべての準備を終わった機動部隊は、いよいよ故国をあとにして古今未曾有の大奇襲作戦の決死行の途につくこととなった。

暗雲立ち込める中を〇六〇〇警戒隊の抜《ばつ》錨《びょう》を先頭に、第八戦隊、第三戦隊、哨戒隊、空母部隊の順に逐次単冠湾を出港した。しかし「赤城」は試運転時、スクリューにワイヤを巻きつけ、予定の〇七〇〇に出港できず、潜水夫を入れてこれを取り除くため遅れて、ようやく〇八〇〇に出港できた。そのため機動部隊の進発は一時間遅れるに至った。この事故は晴の門出にとって幸先のよいものではなかった。

機動部隊は、〇九〇〇湾外において第一警戒航行序列をつくり、哨戒隊は「赤城」の左前方一〇〇〇米に占位し、艦内哨戒第三配備、戦闘機は昼間第一配備C法、奇数日（偶数日）艦爆（艦攻）の一部二時間待機（詳細不明、両者とも艦上待機は確実）とし、電波戦闘管制の下に、東京放送に神経を集中しながら東進を開始した（『ハワイ作戦』）

第一航空艦隊参謀長の草鹿龍之介少将は、このとき司令長官の南雲忠一中将と並んで旗艦「赤城」の司令塔にいた。

一路真珠湾を目指す機動部隊。第５航空戦隊の空母「翔鶴」の舷側から見た荒海。

――だんだん遠のいて行く千島の山々。これが祖国の見おさめかと瞳をこらして眺めているうち、ついに水平線のかなたにその姿を消してしまった。

各艦は警戒配備についた。砲員は当直を定めて砲側につき、見張り配置にあるものは水際一点の黒影も、波間に見え隠れする一本の棒も見落すまいと目をみはる。水中聴音機は敵潜水艦のスクリュー音を求めて警戒の耳をそばだてる。とっさの場合に備えて各母艦は戦闘機数機を飛行甲板に待機させる。塵埃《じんあい》ビルジを流すことは厳禁である。無線は封印されてキーにはいっさい手を触れることができない。ただ、軍令部と連合艦隊旗艦「長門」の放送に神経を集中し、ホノルル放送を傍受して適情の片鱗《へんりん》でも捕えようとする。まさに全軍枚《ばい》を銜《ふく》み、はるかにハワイの空を望んでしゅくしゅくとして進みゆくのである。

「参謀長、君どう思うかね、僕はエライことをひき受けてしまった。僕がもうすこし気を強くしてきっぱり断わればよかったと思うが、一体出るには出たがうまくいくかしら」

と、南雲長官が私に小声でいわれる。作戦担当の最高指揮者としての心配はまた格別であったろう。このへんが参謀長と長官とのちがいでもあろう。

「だいじょうぶですよ、かならずうまくいきますよ」

「君は楽天家だね。うらやましいよ」

南雲長官については、いろいろ批評もある。しかし私にとってはよい上司のひとりであったと思う（『連合艦隊の栄光と終焉』）

機動部隊は単冠からやや南下しながら、一路東進した。出港以来、天候は良かったが、うねりが大きく、艦の動揺は次第に増大するかのようである。護衛の戦艦「比叡《ひえい》」の記録では最大二〇度を越す動揺だったという。しかし、心配した燃料の洋上補給も順調に行われている。第一航空艦隊司令部の首席参謀大石保《おおいしたもつ》中佐は「之にて燃料の心配薄らぎたり、幸先よし」と日誌に記した。

出撃一番手の潜水部隊

南雲中将の機動部隊が単冠湾に集結しているころ、豊後水道方面で訓練を急いでいた清水光美《しみずみつみ》中将率いる先遣部隊の潜水部隊(第六艦隊)は、すでに四つの航路に分かれてハワイに向かっていた。特殊潜航艇《せんこうてい》を擁する特別攻撃隊を除き、その任務は機動部隊の掩護《えんご》、真珠湾の事前偵察、機動部隊の不時着機搭乗員の収容、湾内から脱出した米艦艇の邀撃《ようげき》などである。

特殊潜航艇の艇長と親潜水艦の艦長。前列左から伊22艦長揚田清猪中佐、特別攻撃隊指揮官佐々木半九大佐、伊20艦長山田隆中佐、伊16艦長山田薫中佐。後列左から広尾彰少尉、岩佐直治大尉、横山正治中尉。

先遣部隊の編成は旗艦「香取《かとり》」以下潜水艦二七隻、特殊潜航艇五隻、それに補給部隊の特務艦六隻からなる大部隊であるが、機動部隊にくらべ訓練・準備期間はあまりなかった。そのため練度は必ずしも充分ではなかった。さらに状況が悪かったのは、特殊潜航艇を運ぶ特別攻撃隊に編入された第一潜水戦隊の丙型(大型)潜水艦五隻の練度だった。

そもそも連合艦隊の山本長官は、特殊潜航艇の真珠湾奇襲攻撃参加には反対だった。特殊潜航艇を積む潜水艦隊の母艦「千代田《ちよだ》」艦長の原田覚《はらださとる》大佐らから、初めて特殊潜航艇をもって真珠湾潜入攻撃計画を立案したいと言われたとき、山本長官は航続距離の短い特殊潜航艇を敵艦攻撃後どうやって収容するのか、収容の見込みのないような方法は採用できないと言下にしりぞけている。

そこで原田大佐ら関係者は、特殊潜航艇から電波を出させて潜水艦がその方位を測定し、潜航艇を収容することにし、改めて山本長官に意見具申した。しかし山本長官は、警戒厳重な海面では収容に確実性がないとして、再び却下した。

甲標的、あるいはA標的、H金物、特型格納筒(略して「筒《つつ》」)といったさまざまな秘匿名で呼ばれていた特殊潜航艇は、一九四〇年(昭和十五)四月末に第一号基(艇)が完成した秘密兵器だった。

本来は艦隊相互の洋上決戦に際し、突如、母艦から発進して敵艦に近付き、魚雷を発射してサッと引き揚げるのが任務で、真珠湾攻撃のような港湾に碇泊する艦艇を狙うものではなかった。

全長はわずか二三・九メートル、最大直径一・八五メートル、排水量四六トンの小型潜水艦である。安全潜航深度は一〇〇メートルで、動力はバッテリーによる六〇〇馬力モーター一軸、水中潜航能力は最大速力一九ノット(時速約三五・二キロ)でおよそ五〇分、六ノット(時速約一一・一キロ)に落とせば約八〇浬(約一四八キロ)の航続が可能であった。抱く魚雷(四五センチ)は二個。搭乗員は二名で、艇長(士官)は司令塔に位置して操舵運航し、艇付(下士官)は艇の浮上や潜水、姿勢制御を行うバルブとバラスト操作を担当する。

一九四〇年十一月十五日付で岩佐直治《いわさなおじ》中

特殊潜航艇による特別攻撃隊員。前列が艇長、後列が同乗の兵曹たち。左から広尾彰少尉・片山義雄2曹（伊20）、横山正治中尉・上田定2曹（伊16）、岩佐直治大尉・佐々木直吉1曹（伊22）、古野繁実中尉・横山薫範1曹（伊18）、酒巻和男少尉・稲垣清2曹（伊24）

尉（のち大尉）と秋枝三郎《あきえださぶろう》中尉の二人がまず搭乗員に命ぜられ、広島県の倉橋《くらはし》島大迫《おおさこ》付近で訓練に入り、翌四一年四月には第一期搭乗士官一二名中の一〇名と下士官一二名が発令され、訓練基地を愛媛県瀬戸町の三机湾《みつくえわん》に移して秘密訓練に入っていた。そして九月に入ってからは、訓練基地を三机湾から真珠湾口に似ている宿毛湾《すくもわん》の中城湾に移して応用訓練を開始していた。「千代田」の原田艦長が、岩佐中尉を同道して初めて山本長官に特殊潜航艇による真珠湾潜入攻撃案の採用を懇願したのはこの頃である。

もちろん原田艦長も岩佐中尉も、そのとき真珠湾奇襲攻撃案が練られ、密かに進行していることなどは露《つゆ》ほども知らなかった。あくまでも「開戦の暁には……」という前提の上であった。まったくの偶然の一致であった。

原田大佐たちはその後も航続時間の延長をするなど、搭乗員の収容手段を研究し、十月初めに再度山本長官に具申し、山本は「暗黙の承認」を与えたという。

そして十月十一日から十三日まで、連合艦隊旗艦「長門」艦上で行われた図演の際に、特殊潜航艇のハワイ作戦参加は正式に決められたのだった。

真珠湾突入に使われた特殊潜航艇５隻の内の１隻。戦後、米軍から海上自衛隊幹部候補生学校（江田島）に譲渡されたもの。

ところが特殊潜航艇は、それまでの訓練では作戦海面には母艦に搭載《とうさい》されて進出することを前提にしていたが、本作戦では大型潜水艦に搭載されることになったのだ。もちろん特殊潜航艇を搭載するよう作られた潜水艦などなかったから、特別攻撃隊に編入された五隻の丙型潜水艦（伊一六、伊一八、伊二〇、伊二二、伊二四）の改良工事と実験は、呉工廠《こうしょう》と佐世保工廠で突貫作業で行わなければならなかった。

そして工事と試験潜航がおおむね終わったのが十一月十日で、特殊潜航艇に乗り組む一〇名の搭乗員が最終選考され、それぞれの母艦潜水艦に配乗したのもこの日だった。さらに出撃を一週間後の十一月十八日とされたため、母艦潜水艦は出撃準備に追われ、ついに特殊潜航艇との満足な合同訓練も行うことができないまま出撃せざるを得なかったのだった。

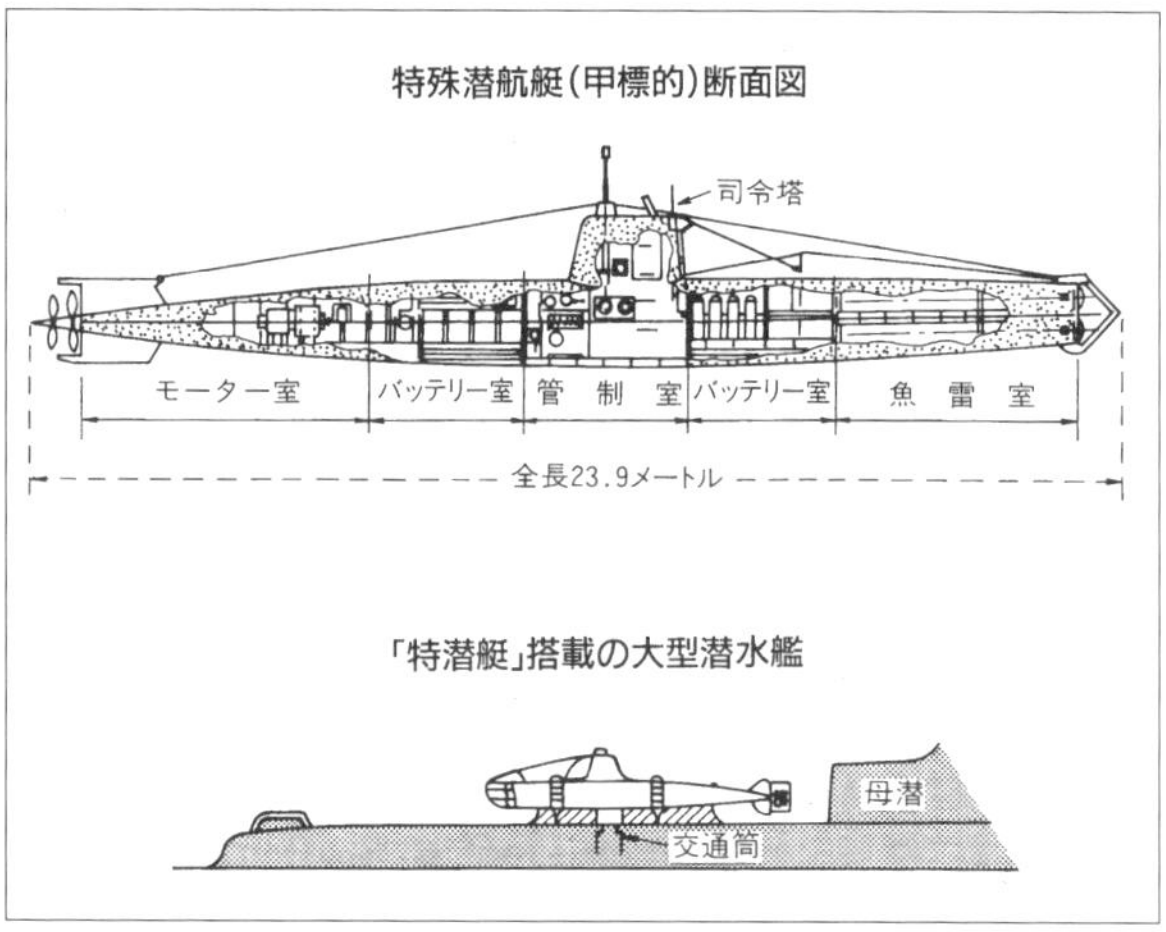

特殊潜航艇の断面図。

出撃に先立つ十一月十四日、呉鎮守府で第六艦隊の清水光美司令長官出席のもとに、各潜水艦の幹部と特殊潜航艇指揮官を集めた作戦会議が行われた。清水長官は、そのとき山本長官から「隊員収容の見込みがない場合は、今からでも特殊潜航艇の攻撃は取り止めるように」念を押されていたが、隊員たちは生還などは眼中にないらしく、まさに意気軒昂《いきけんこう》だったという。

さらに山本長官は、出撃前日の十七日夜に、呉水交社《すいこうしゃ》で行われた特別攻撃隊の最終打ち合わせの席に、連合艦隊水雷参謀の有《あり》馬《ま》高泰《たかやす》中佐を参加させ、「特殊潜航艇の湾内進入は必ずしも強行するに及ばず、また搭乗員の収容には万全を期するよう」伝言させている。山本長官の胸中からは、特殊潜航艇の出撃の不安は最後まで去らなかったのだ。そして不安は、やがて現実のものとなるのである。

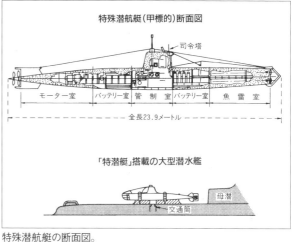

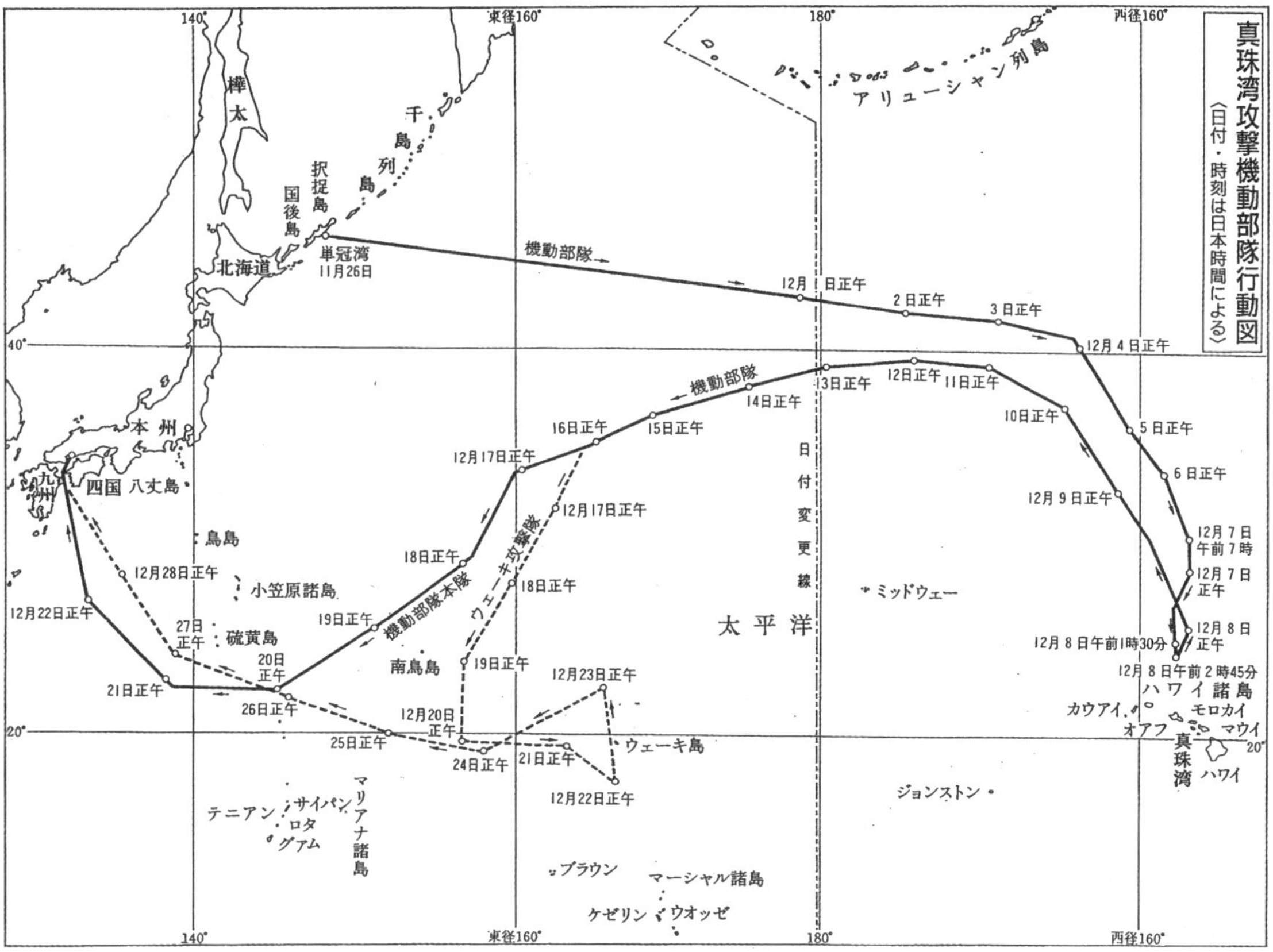

新高山登レ一二〇八…………………

海上は相変わらずうねりは大きいが、天候は良好だった。十一月二十八日、機動部隊は新聞電報を傍受し、二十六日にハル国務長官が日本の提案に対する回答を文書で手交してきたこと、その内容は不明であるが、海外の消息通は最後通牒《つうちょう》であろうと伝えていることを知る。

十一月二十九日、軍令部第一部長の福留少将から「日米交渉、前途絶望」の電報が入る。開戦は必至《ひっし》の情勢だ。機動部隊の司令部には安堵《あんど》の色が広まる。日米会談の進捗によっては作戦中止、機動部隊はいかなる状況にあろうともただちに引き返すことを厳命されていたからである。

この日、海上は小雨まじりの曇り空で、霧が発生し、視界はきわめて悪かった。しかし、海上は平穏で、機動部隊は予定通り東進を続けていた。あとの心配は英米や第三国の艦船との接触だけである。もしハワイ進撃中にアメリカ艦艇に発見された場合、宣戦布告前であれば演習でもしているような恰好でさり気なく引き返し、敵が攻撃をしかけてきたり布告後であった場合はただちに応戦、徹底撃滅《げきめつ》をはかることになっていた。だが、航程の約半分に到達した十二月一日を迎えても、他国の艦艇や商船の姿は見かけない。あとは、開戦のX日を知らせる連合艦隊からの電令を待つだけである。

ハワイの総領事館からの情報も入りはじめていた。なかでも二日午後十時に軍令部から発信されたハワイ情報は詳細なものだ

空母「翔鶴」の舷側から見た真珠湾に向かう南雲機動部隊。

った。

「A情報」と呼ばれた内容は次のようなものだった。

十一月二十八日午前八時（ハワイ時間）真珠湾の情況左の如し

戦艦二（オクラホマ、ネバダ）、空母一（エンタープライズ）、甲巡二、駆逐艦十二以上出港。

戦艦五、甲巡三、乙巡三、駆逐艦十二、水上機母艦一、以上入港。但し入港せるは十一月二十二日出港せる部隊なり。

十一月二十八日午後に於ける真珠湾在泊艦を左の通り推定す

戦艦六（メリーランド型二、カリフォルニヤ型二、ペンシルバニヤ型二）、空母一（レキシントン）

甲巡九（サンフランシスコ型五、シカゴ型三、ソルトレイクシティ型一）、乙巡五（ホノルル型四、オマハ型一）

機動部隊の参謀たちは、まるで目前に真珠湾基地を見ているようなA情報の詳細さに驚嘆すると同時に、ますます身の引き締まるのを感じていた。ハワイ情報は、この後も軍令部経由で刻々と送られてきた。喜多長雄ホノルル総領事と「外務書記生・森村正」こと吉川猛夫予備少尉の努力の賜物《たまもの》だった。

十二月四日も機動部隊が進む太平洋は雨と時化《しけ》で大荒れだった。しかし夕方から海上は次第に凪《な》ぎはじめ、落ち着きを取り戻してきた。

一方、機動部隊がいよいよ一八〇度線を越えて西半球に入ろうとしていた十二月一日、東京では午後二時から御前会議が開かれ、開戦を決定していた。

対米英蘭開戦の件

十一月五日決定の「帝国国策遂行要領」に基く対米交渉は遂に成立するに至らず

帝国は米英蘭に対し開戦す

そして翌十二月二日、作戦開始を十二月

開戦日に真珠湾に停泊していた米艦艇の位置と、日本軍の真珠湾侵入を図示した米軍資料（アリゾナ記念館蔵）。

開戦直前の真珠湾の艦隊泊地の写真。写真左上方のフォード島の周囲に戦艦が停泊しているのがわかる。

八日とする件も允裁《いんさい》を得、山本五十六連合艦隊司令長官は午後五時三十分、機動部隊に「新高山登レ一二〇八」を打電した。すなわち「X日ヲ十二月八日トス」の隠語である。

洋上の機動部隊が、待ちに待ったこの隠語電文を受信したのは午後八時であった。

この日も洋上は前日に引きつづいて雲が多く、南の風は風速一六メートルから二三メートルを記録していた。しかし前日の「飛龍」「蒼龍」に次いで、この日も第一航空戦隊の空母「赤城」「加賀」、第三戦隊の戦艦「比叡」「霧島」への燃料補給は無事に済ますことができた。あとは「新高山登《ニイタカヤマノボ》レ」を待つだけだったのである。第一航空艦隊の草鹿参謀長は、そのときの心境を「この『新高山登レ』を受信した時は、青天に白日を望むような気持ちになった」と回想している。

単冠湾を出て以来一路東進してきた機動部隊は、十二月四日の午前四時、いよいよC点と呼ばれた北緯四一度、西経一六五度の待機地点を通過、予定どおり針路を変更して南下を開始した。ハワイでは一日遅れの三日である。この日も荒天は続き、南西寄りの風は最大風速三五メートルを記録していた。（以後はハワイ現地時間を使用）

夜が明けると視界は不良ながら海上は平穏になり、隠密行動には絶好

パールハーバーのフォード島の艦艇泊地に碇泊している戦艦や重巡洋艦。吉川少尉が目にしたのも、これと同じような光景だったに違いない。

の状態になった。この絶好の天候は翌六日も続き、機動部隊はいよいよ攻撃開始地点を目前にした。

午前十一時、機動部隊は「連合艦隊電令第一三号」を受信した。

「皇国ノ興廃繋リテ此ノ征戦ニ在リ、粉骨砕身各員其ノ任ヲ完ウスベシ」

三十分後、機動部隊の旗艦「赤城」は、そのマストにDG信号旗を掲げた。三五年前、東郷《とうごう》平八郎《へいはちろう》連合艦隊司令長官が、ロシアのバルチック艦隊を目前にした日本海海戦で掲げたZ旗と同じ意味を持つ信号旗である。

「皇国ノ興廃此ノ一戦ニ在リ　各員一層奮励努力セヨ」

という。

そのころホノルルでは、吉川猛夫予備少尉が、もしかしたら最後になるかもしれない艦隊偵察のためタクシーに乗っていた。運転手は吉川が赴任以来頼んでいるジョン三上という日系二世で、オアフ島の軍事知識が驚くほど豊富な男だった。

まず吉川は朝の偵察と同じにアイエアに行って真珠湾内の艦艇群を見下ろし、さらにハイウェーを通ってパール・シティの波止場にタクシーを止めた。そして桟橋《さんばし》の近くで日系の老人が経営する喫茶店に入り、目の前に碇泊するアメリカ太平洋艦隊に目を凝《こ》らした。そこで「アッ！」と思った。朝の偵察のときには、たしかに空母二隻と重巡洋艦一〇隻を含む全艦隊がいたのに、いまは空母と重巡の姿はどこにもない。

吉川は急いで総領事館に戻った。そして、この日二回目の報告書を大急ぎで作り、喜多総領事を経由して東京に打電した。

ホノルルからの暗号電は軍令部で海軍の暗号に直され、第一回目は午後五時に機動部隊に発信された。

開戦当時のホノルルの日本総領事館員。写真は開戦と同時に米当局に身柄を拘束され、米本土のアリゾナ・キャンプに抑留中のもの。前列中央が吉川猛夫少尉で、後列の右から２番目が喜多長雄総領事。

七日一二〇〇受信（日本時間）

A情報

一、五日「オクラホマ」「ネバダ」入港（出動期間八日間）

同日「レキシントン」及甲巡五隻出港ス

二、右ニ衣リ　五日一八〇〇（日本時間）

碇泊艦船左ノ通

戦艦八隻　軽巡三隻　駆逐艦一六隻

入渠中ノ「ホノルル」型四隻及駆逐艦四隻

吉川少尉の「Ａ情報」にもあるように、開戦前日のホノルルは平静そのもので、街は写真のように水兵たちが昼の散歩を楽しんでいたに違いない。

七日二一三〇受信（同）

一、七日「ホノルル」方面飛行阻塞気球ヲ使用シ居ラズ

二、布哇諸島方面飛行哨戒ヲ行ヒ居ラズ

三、「レキシントン」「エンタープライズ」出動中

そして吉川少尉の最後の情報は、午後六時に軍令部から機動部隊に発信された。

七日二二四〇受信（同）

一、A情報

1　地方時（ハワイ時）五日夕刻「ユタ」及水上機母艦一入港　六日ノ在泊艦ハ戦艦九隻、軽巡三隻、潜母三隻、駆逐艦一七隻、入渠中ノモノ軽巡四隻、駆逐艦二隻

重巡及航空母艦ハ全部出動シアリ

艦隊ニ異状ノ空気ヲ認メズ

2「ホノルル」市街ハ平静ニシテ燈火管制ヲ為シ居ラズ

二、大本営海軍部ハ必成ヲ確信ス

このホノルルからの正確な情報は、作戦を成功に導いた大きな要因であったことはいうまでもないが、攻撃隊員の士気を大いに高める効果をもたらした。

第4章 全軍突撃セヨ

攻撃隊全機発艦す

攻撃隊の発艦地点を間近にした南雲機動部隊。第1水雷戦隊の軽巡「阿武隈」より写す。

ハワイ時間の一九四一年（昭和十六）十二月六日の夕刻、南雲機動部隊は第一次攻撃隊を発進させるハワイの北二三〇浬（注・一浬は一八五二メートル、約四二六キロ）の地点に向けて南下を続けていた。

大胆な意見具申をした航空参謀の源田実中佐。

発進地点は研究に研究を重ねて決められたものである。この地点から発進すれば攻撃を終了して帰還するのに十分余裕のある距離であり、燃料も不足することはない。

　第一航空艦隊の航空参謀（乙）として源田参謀とともにあった吉岡忠一少佐は、その回想記で語っている。

「ホノルルのラジオ放送を傍受すると、賑やかなジャズ放送がはいり、平和な土曜日の様子が手に取るように聞えてきた。

　わが企図は完全に秘匿され、奇襲攻撃は成功することが確実だった。

　突然、源田参謀から意見具申がなされた。

『第二波の空襲部隊の発進地点を現在のハワイの北二百十浬よりさらに二十浬突っこみ、百九十浬とし、また空襲部隊を発進してから、初めの行動予定である、ただちに反転して避退しながら部隊を収容するのを変更し、発進後さらに二時間突入するのはいかがでしょうか』

　この案は奇襲攻撃の成功した現在は何でもなく聞えるが、たいへんな案であった。

　初めの予定では二百十浬（約三百八十九キロ）まで近寄り攻撃隊を出し、二百五十浬まで離れて攻撃部隊を収容しようとするのである。これでも攻撃部隊は十分に燃料に余裕はあるように計画されていた。

　それを百五十浬（約二百七十八キロ）まで母艦がハワイに近づいて攻撃隊の帰って来るのを容易にしようとするのである。

　この計画変更は、敵情の変化を十分に考慮できる剛胆《ごうたん》緻密《ちみつ》な名将でなければ考え及ばない、まことに立派な名参謀の提言である。

　南雲長官はすぐに賛成し、増速して南下

万全の出撃準備を終え、発艦命令を待つ空母「瑞鶴」の攻撃隊。

すると同時に、全艦隊に指令した」（増刊『歴史と人物』所載「ハワイへの道程」）

　こうして機動部隊は速力を二四ノット、キロに直せば時速四四キロ強の速度で発進点に向かった。艦内は攻撃隊員を除き総員配置で、ほとんどの者はまどろむ程度で発進を待った。攻撃計画の立案者であり、航空参謀である源田中佐もその一人で、早めに起きて軍令部から送られてきた真珠湾の米艦隊の配置報告をもう一度検討していた。自分の意見具申で機動部隊を予定より前進させ、さらに前夜、南雲長官から「俺は機動部隊を無事に攻撃地点まで引っ張ってきた。これからは君と飛行部隊の責任だぞ」といわれている。念には念を入れたかったのだ。

　その飛行部隊の総指揮をとる淵田美津雄中佐は午前五時に目を覚ました。母艦「赤城」はかなり激しく上下左右に揺れていた。彼は他の搭乗員たちがそうであるように、赤いシャツを着込んだ。敵の対空砲火や機銃で負傷し、シャツに血がにじんでも他の搭乗員に無関心を装えるからである。赤シャツの上には一番いい飛行服を着た。そして士官室にいくと、雷撃隊の指揮をとる村田重治少佐が朝食をパクついていた。

集合した攻撃隊員に「所定命令に従って出発！」と命令を下した空母の艦長。

艦長の出撃命令を受けて愛機に走る攻撃隊員。

「お早う、大将。ホノルルは眠っていますぜ」

と、いたずらっぽく笑いながらいった。

「どうして分かる？」

村田はお箸《はし》を指揮棒のように振りながら、

「ホノルルのラジオはソフト・ミュージックをやってますぜ。万事うまくいってる証拠じゃないすか」といった。

食事を終えた淵田中佐は、南雲長官に呼ばれた。会議室に長官を訪ねると、参謀たちに囲まれた長官は海図を注視していた。目を上げた長官は淵田に視線を向けてなにかいおうとした。しかし、言葉を飲み込んだまま手を差し出し、「別に新しい情報はない。計画どおり出発せよ」とだけいった。

淵田は敬礼をして会議室を後にした。このとき攻撃機を満載した機動部隊はオアフ島の北二〇〇浬、約三七〇キロの発艦地点に到達していた（資料により発艦地点は二三〇浬とある）。三隻ずつ二列に並んだ六隻の空母の飛行甲板には、すでに攻撃機が翼を並べている。そして各母艦は一斉に転舵して北寄りの風に艦首を立てた。

淵田中佐は南雲長官に挨拶し、搭乗員待機室に降りた。狭い待機室は搭乗員であふれ、通路にまではみだしている。その中に

下田久夫飛行長（中央の白服）から出撃前の訓示を受ける第5航空戦隊「瑞鶴」の攻撃隊員。白いセンターラインの前に出ているのが嶋崎重和少佐、正面が戦闘機搭乗員、右手が水平爆撃隊員、手前が急降下爆撃隊員。

母艦を飛び立つ攻撃機。

「赤城」艦長の長谷川喜一《はせがわきいち》大佐もいた。

「気をつけっ！」

淵田中佐は号令をかけ、艦長に敬礼した。

「所定命令に従って出発！」

長谷川艦長は声を張り上げ、簡単に命令を与えた。同時に、搭乗員たちは飛行甲板の愛機を目がけて走り去った。日の出三〇分前である。

やがて発進を指示する指揮所の青い信号灯が大きな円弧を描いた。エンジン音を一段と高くした零式戦闘機が滑り出した。飛行甲板が波のうねりで傾く。そして次のうねりが甲板を揺り戻す間隙《かんげき》を縫って最初の一機が離艦した。続いて次の零戦があとを追う……。

淵田中佐は戦後の手記に残している。

「かくして第一波、戦雷爆連合の一八三機は、六隻の空母から飛び立った。そして夫々指揮官機のオルジス灯をたよりに、約十五分で全飛行機は集合を終り、編隊を整えた。私の総指揮官機は先頭にあって、第一波攻撃機群を誘導している。私は艦隊上空を大きく一旋回して、旗艦赤城上空からオアフ島に一路機首を向けた。時に午前一時四十五分（ハワイ時間午前六時十五分）であった」（『別冊知性』所載「真珠湾上空一時間」）

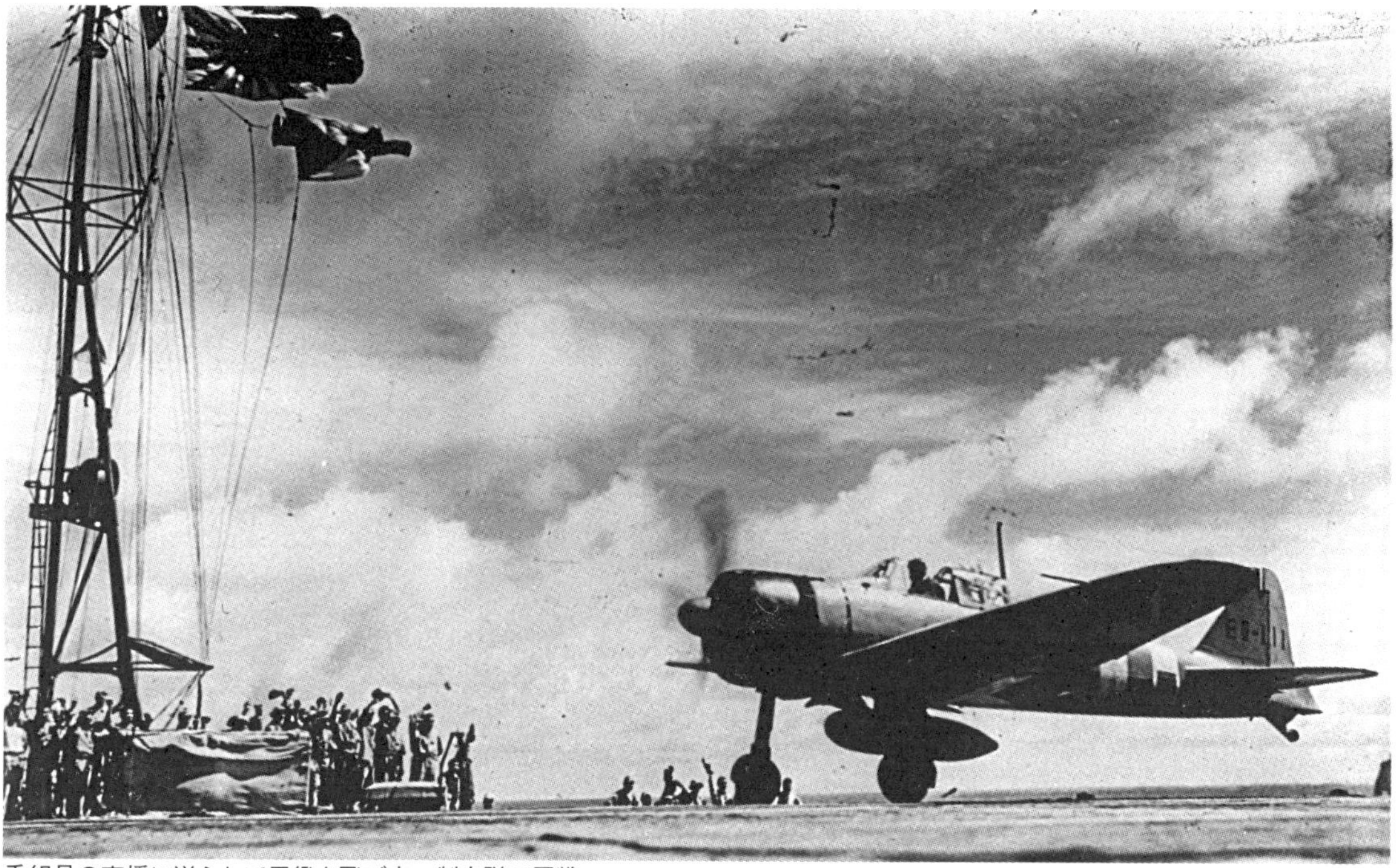

乗組員の声援に送られて母艦を飛び立つ制空隊の零戦。

真珠湾に突入した特殊潜航艇……………

淵田美津雄中佐率いる第一次攻撃隊一八三機が発進して間もない午前六時半ごろ、真珠湾口では早くも日米の戦いが開始されていた。真珠湾奇襲に参加した五隻の特殊潜航艇と米駆逐艦《くちくかん》の戦いである。

この日、機動部隊の搭乗員たちが、はるか洋上で目を覚まし始めたころの午前三時四十二分、米海軍の掃海艇「コンドル」号の乗組員R・C・マックロイ予備少尉は、湾口浮標の外方二浬近くで真珠湾口に向かっている潜望鏡を発見した。マックロイ予備少尉はただちに近くを哨戒《しょうかい》していた駆逐艦「ワード」に発光信号で報告した。艦長のウィリアム・W・アウターブリッジ大尉は総員戦闘配置を命じ、捜索を開始した。そして午前六時半過ぎ、ついに不審な潜望鏡を発見した。アウターブリッジ大尉はコンドル号が先に発見した同一艦と信じていたが、戦後、さまざまな資料から推定するに、この特殊潜航艇は別の艇であったらしい。

『トラ・トラ・トラ』の著者ゴードン・W・プランゲ(元メリーランド大学歴史学教授)によれば、午前三時四十二分にコンドル号が最初に発見したのは、おそらく横山正治《よこやままさはる》中尉の艇ではなかったかという。

理由は二つある。一つは横山艇の親潜水艦伊号一六がその日の夕方、横山艇からの「攻撃成功す」の無電を受信していること。もう一つは、午前五時前、掃海艇「クロスビル」号を入港させるために湾口の防潜網が一度開かれていることである。もしかしたら横山艇は、このクロスビル号の後について湾内潜入に成功していたのではないかというのだ。そしてワードが六時半過ぎに〝再発見〟した艇は広尾彰《ひろおあきら》少尉艇だったか

フォード島の戦艦泊地につながれた戦艦群に向かって走る白い航跡は、もしかしたら特殊潜航艇が放った魚雷の航跡ではないかともいわれている。

もしれないと推定する。

　それはともあれ、小型潜水艦の司令塔のようにも見え、大型艀《はしけ》「アンタ―レス」の後について水を切りながら湾口の防潜網《ぼうせんもう》を突破しようとしている不審な潜水艦に、ワードはためらいなく砲撃を加えた。一発目は外れたが、二発目が司令塔に命中した。さらにワードは爆雷を投下し、小さな潜水艦を撃沈した。午前六時四十五分のことである。この小型潜水艦は、もちろん日本の特殊潜航艇五隻のうちの一隻だったが、日米戦争の火ぶたは、実はこのワードと特潜によって切られ、最初の戦死者は日本側に出たのである。

　午前六時五十三分、ワードのアウターブリッジ大尉はハワイ地区の海軍司令部である第一四海軍区司令部に「防衛区域を行動中の潜水艦を攻撃、砲撃、爆雷攻撃をし、これを撃沈した」と報告電を打った。だが、アウターブリッジ大尉の撃沈報告は、司令部員の誤解や形式主義にさえぎられて緊急電とはならず、アメリカ太平洋艦隊司令部の当直将校ビンセント・マーフィー中佐のもとに届いたのは午前七時二十分だった。その間の午前七時三分にもワードは音波探知機で新たな特潜を発見、爆雷攻撃を加えて撃沈数をふやしていた（プランゲ教授は「古野繁実《ふるのしげみ》中尉が指揮した艇だったようである」という）。

　日本の攻撃隊にとって僥倖《ぎょうこう》だったのは、報告電報はさらにマーフィー中佐の手元で二〇分間眠り、太平洋艦隊司令長官ハズバンド・E・キンメル大将の受話器に届いたのは七時四十分だったことである。

　もし、アウターブリッジ大尉の報告電報がただちにキンメル長官に届いていたならば、淵田美津雄中佐の第一次攻撃隊の奇襲はならなかったに違いない。そのころ淵田中佐の率いる一八三機の攻撃隊は、まだオアフ島から二〇〇キロ以上も離れた上空にあったからだ。

「トラ・トラ・トラ」我奇襲ニ成功セリ……………

キンメル大将が真珠湾を一望できるマカラパ台地の官舎でマーフィー中佐からの電話口に出たころ、淵田中佐は雲の切れ目からオアフ島の北端にあるカフク岬を眼下にしていた。先ほど聞いたホノルル放送の天気予報どおり、ところどころに雲は浮いているが、真珠湾上空は青空が広がっている。

奇襲で行けるか強襲になるか……、淵田中佐は操縦している松崎三男大尉に伝声管から伝えた。

「松崎大尉、左の方オアフ島上空をよく見張れ。敵の戦闘機が現れるかもしれない」

淵田もオアフ島上空を凝視した。点々とケシ粒（敵戦闘機）のような奴が現れたら奇襲は失敗である。しかし、ケシ粒は見えない。

米太平洋艦隊司令長官
ハズバンド・E・キンメル海軍大将

「どうやら奇襲で行けそうだな」

淵田は松崎にいった。

「はあ、奇襲ができそうに思います」

「よーし、展開下命だ」

淵田は信号銃を取り上げると機外に向けて一発発射した。午前七時四十分、東京では八日午前三時十分だった。信号弾一発は奇襲を意味する。二、三秒おいて二発目が発射された場合は敵の反撃が予想され、攻撃は強襲で行うことを意味していた。

奇襲攻撃の場合は、まず村田少佐の雷撃隊が突入し、続いて板谷少佐の戦闘機隊が上空を制圧するために前方に出る。雷撃隊の艦艇攻撃終了を見きわめた水平爆撃隊が次いでそれらの艦艇を高度三〇〇〇メートルから爆撃をする。同時に急降下爆撃隊と戦闘機隊は、それぞれ決められている飛行基地に攻撃を加える――奇襲の手はずはそうなっていた。しかし、敵の警戒が厳重で奇襲が不可能なときは、最初に急降下爆撃隊と水平爆撃隊が攻撃を仕掛け、敵の対空砲を牽制《けんせい》している間に雷撃隊が戦闘機隊の援護を受けながら降下して、海面スレスレから魚雷を発射する。

攻撃は奇襲である。眼下にはケシ粒も見えなければ対空砲の弾幕《だんまく》も現れない。各攻撃隊はただちに奇襲攻撃の展開に入っていった。ところが高空を飛んでいた「蒼龍」の戦闘機隊長・菅波政治《すがなみまさじ》大尉には断雲に遮《さえぎ》られて信号弾が見えなかった。決められた行動をとっていない菅波隊を見た淵田中佐は、信号弾を見落としたのかもしれないと思い、しばらく待った後で念のためにもう一発発射した。それを見た急降下爆撃隊の指揮官・高橋赫一《たかはしかくいち》少佐は〈信号弾二発の強襲〉と判断、突撃態勢に入ってしまった。

淵田中佐は双眼鏡を真珠湾に合わせた。

「一隻、籠マストの戦艦が視野に入る。いる！いる！　三脚マストもいた。一つ、二つ、三つ……と目で追いながら胸で数える。戦艦の巨大な姿もいた。全部で八隻、まさにアメリカ太平洋艦隊の戦艦全力の在泊であった。私は目がしらがジーンと熱くなるのを覚えた。

私は時計を見た。時刻は午前三時十九分を示している。頃はよしと私は思った。今から突撃を下令すれば、先頭隊の攻撃が午前三時半（ハワイ時間午前八時）かっきり

雲の切れ間から真珠湾の米軍基地を眼下にした第1次攻撃隊。

に火蓋《ひぶた》を切るであろう。

私は電信員を振り返った。

『水木兵曹、総飛行機あてに発信……、全軍突撃せよ』

水木兵曹の指が電鍵をたたく。簡単な略語トトトトである。

『隊長、突撃の発信放送終わりました』

『ヨーシ』

時に十二月八日午前三時十九分（ハワイ時間七日午前七時四十九分）であった」（別冊『知性』所載「真珠湾上空一時間」）

見下ろす真珠湾一帯には朝靄《あさもや》がたちこめている。静かな景色が広がる。まだ空中戦闘はどこでも起きていない。奇襲は成功らしい。

「私はまたも電信員を振り返った。

『水木兵曹、甲種電波で艦隊あてに発信……我奇襲に成功せり』

水木兵曹は待ってましたとばかり電鍵をたたいた。略語トラであった。トラ・トラ・トラと放送したのである。そして暫《しばら》くして、

『隊長、先の発信、赤城了解』

と報告した。時に午前三時二十三分、突撃を下令してから四分後であった」（同）

ハワイ時間午前七時五十三分である。

修羅場と化した真珠湾・攻撃隊隊員の証言…………

攻撃の第一弾は陸軍の重爆撃機が行儀よく並んでいるヒッカム飛行場に投下された。ついで海軍のフォード基地と陸軍の戦闘機基地ホイラー飛行場が爆撃を受けた。強襲と勘違いした高橋赫一少佐が指揮する急降下爆撃隊が、二派に分かれて行ったのだ。

攻撃を開始した淵田美津雄中佐指揮の第1次攻撃隊。雷撃を受けて早くも黒煙を吹き上げる真珠湾の艦艇とヒッカム飛行場。上空を飛ぶのは97式艦上攻撃機（水平爆撃機）。

ヒッカムからもうもうと黒煙が上がり、オアフ島の中心の山間部にあるホイラー飛行場からも、そして真珠湾に浮かぶフォード島の基地からもつぎつぎと黒煙が吹き上げた。上空の淵田中佐は時計を見た。針は午前三時二十五分（ハワイ時間午前七時五十五分）を指している。淵田は〈五分早かったわい〉と思った。

雷撃隊を指揮する村田少佐は攻撃を急いだ。急降下爆撃隊の爆撃で真珠湾が黒煙で覆《おお》われる恐れが出てきたからである。フォード基地もヒッカム飛行場も、戦艦群が碇泊している泊地とは目と鼻の先である。戦艦群が黒煙に覆われれば確実な魚雷攻撃ができない。少佐は先頭に立ち、海面を舐《な》めるようにして戦艦の群れに突入した。

雷撃隊の最初の魚雷は「カリフォルニア」に放たれた。二本目と三本目は巡洋艦「ラレー」と標的艦「ユタ」（旧戦艦）に放されたが、魚雷は二本とも現役を引退した老朽艦「ユタ」に命中し、転覆《てんぷく》させた。四本目の魚雷は巡洋艦「デトロイト」を狙ったが、わずかに艦をかすめて泥の中に突き刺さった。

村田少佐は獲物《えもの》を捜した。「テネシー」の外側につながれている最新鋭戦艦「ウェ

炎上する米陸軍の戦闘機基地・ホイラー飛行場。

基地に駐機する米軍機に
機銃掃射を加える零戦。

黒煙を吹き上げるヒッカム
飛行場の施設群。

ストバージニア」が無傷のようだった。村田少佐は発射した。魚雷は命中し、真っ白い水柱が数一〇メートルも立ち昇るのが目をかすめた。少佐は戦艦のマストすれすれで機首を上げ、上空への避退行動に移った。水柱は二つ、三つ、四つ…、あちこちで上がっていた。

　村田少佐が発射する寸前、特別第四攻撃隊（雷撃）の指揮官松村平太《まつむらへいた》大尉（「飛龍」）も「ウェストバージニア」へ発射していた。同艦への第一撃となったのは、この松村大尉機の放った魚雷だった。私たち太平洋戦争研究会は、かつて松村大尉や後藤仁一《ごとうじんいち》中尉をはじめとする攻撃隊員を取材し、その体験談を記録している。

松村平太大尉

松村平太大尉の回想（「飛龍」雷撃隊）

　真珠湾に向かう機上で考えていたことは、ひたすら空母が湾内にいてくれること。そ

猛煙に包まれる戦艦「ウェストバージニア」。同艦は魚雷６～７本、800キロ爆弾３発、250キロ爆弾１発を食い、擱座した。

して魚雷が無事走って命中してくれることであった。血の出るような浅海面雷撃訓練を積んで、自信は持っている。だが、今度は訓練ではない。やり直しがきかない。魚雷が命中した後に死ぬのはかまわないが、海底に突き刺さったままになるのでは死んでも死にきれない。ただ、その思いだけであった。

午前三時五分（東京時間）、重巡《じゅうじゅん》「筑摩《ちくま》」の偵察機から敵状報告が入電した。だが、その中に「空母はいない」との明確な表現は含まれていなかった。空母を撃つことだけを考えていたわれわれとの意識の違いである。

「飛龍」と「蒼龍」の艦上攻撃機隊は、フォード島北側から攻撃を行うことになっていた。しかし「空母はいない」との表現がなかったために、われわれは最後まで空母の姿を捜して飛び回ることになった。

そのうちに、立ち上ぼる煙で見えにくくなってきた。北側にはいない。南側に回った。分隊はバラバラになった。二番機だけがしっかりと後についている。やむを得ない、湾口上空まで回り込んでメリー岬から雷撃態勢に入る。だが、前を行く赤城隊の巻き起こす乱気流で機体が大きく揺れた。

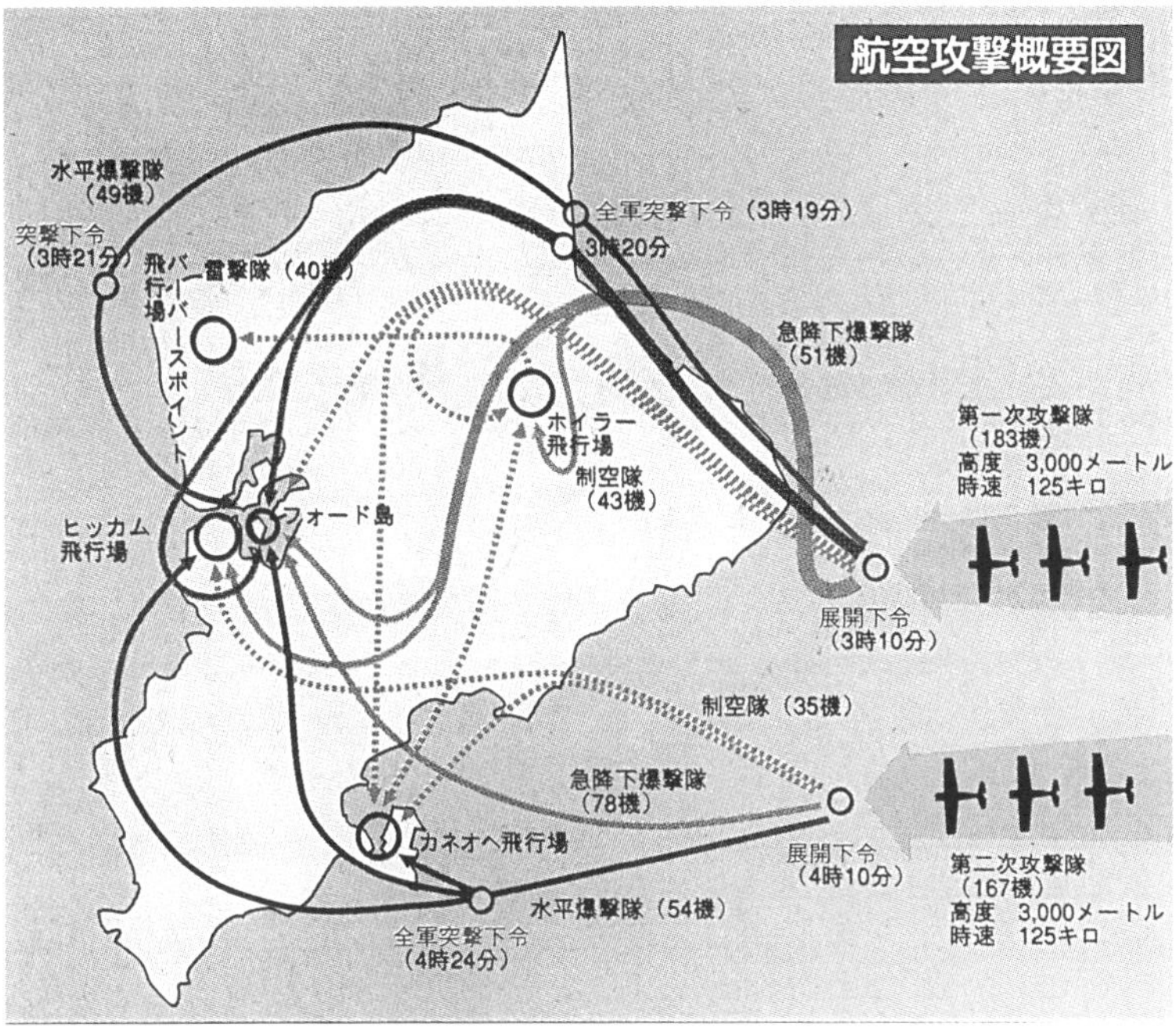

わずかの姿勢の狂いが、魚雷を一本無駄《むだ》にする。いま思い起こしても冷や汗を禁じ得ないのだが、大きく右旋回してやり直しに入った。二番機は、まだついてくる。

燃料タンク群の上空を回って二度目の雷撃態勢に入る。今度は大丈夫だ。前方には北側から三番目、大型の戦艦の横腹が見えている。あとでわかったことだが、それが「ウェストバージニア」だった。

「発射！」

発射を確実にするために、偵察員と二人で同時に投下索《さく》を引く。

「走っています！」

偵察員が叫ぶ。

「当たりました」の声に振り返ると、巨大な水柱が見えた。目測高およそ二〇〇メートル。

「うつせ！」

私は思わず叫んだ。写真を撮れとの意味であった。ところが偵察員の城武夫《じょうたけお》一飛曹が「写せ」を「射て！」と聞き違え、電信員の村井定一《むらいさだかず》飛曹に「射て！」を命令してしまった。

七・七ミリ旋回機銃が唸り、そして弾丸は尾翼先端と操縦席風防とに張り渡された送信用アンテナを切断した。指揮官機でありながら、送信ができなくなった。

「違う、写真だ！」

もう一度叫ぶ。村井一飛曹はあわててカメラのシャッターを押した。

無線機には他機が発信する戦果報告が次々と入ってくる。私も報告しなければならない。だが、アンテナを切断してしまったのではどうしようもない。私は避退行動に移った。ヒッカム飛行場上空で、「加賀」の雷撃機が燃えながら地上施設に突入するのが見える。この「加賀」では五機の雷撃機を失ったが、幸い「飛龍」の一次攻撃に参加した雷撃機八機は全機無事に帰還した。雨あられの対空砲火の中で攻撃をやり直した私の機も、どういうわけかまったくの無傷であった。

後藤仁一中尉の回想（「赤城」雷撃隊）

「右下！」

偵察員の宮島睦夫《みやじまむつお》一飛曹が鋭い声をかけてきた。目を移す。雲の切れ目を通して渚に打ち寄せる白い波頭が見える。着いた。

後藤仁一中尉

炎上を続けていた戦艦「アリゾナ」が大爆発を起こし、崩れるように沈没していった。

目指すオアフ島だ。

私の所属は「赤城」艦上攻撃機隊（雷撃）第一中隊第二小隊。中隊ごとの攻撃では間が空きすぎるので、第一次攻撃の雷撃隊四〇機は二列縦隊になって突入することになっていた。〈もし、村田隊長より少しでも前に出られたら、日米開戦の第一弾を自分が放つことになる〉と、私はひとり密かにほくそ笑んでいた。

午前三時十分、淵田隊長機から突撃準備隊形つくれの信号弾が上がる。黒一発。雷撃隊、水平爆撃隊、艦爆隊、制空隊、それぞれの高度とコースに展開を開始した。雷撃隊は高度を下げつつ大きく左旋回をする。そして厚い雲の下に出た。単冠湾の「赤城」艦上で見せられた模型とまったく同じ光景が眼下に広がっている。戦艦の列、工場地帯、飛行場……。私の目標は戦艦列の北から二番目、外側につながれた艦（工作艦「ベスタル」）である。

高度五〇〇。突撃命令。

下を見る。バーバースポイント飛行場が後方へ飛び去っていく。私はさらに高度を下げながらヒッカム飛行場を目指した。高度五〇。工場地帯上空でさらに左急旋回をし、入江上空で戦艦の横っ腹に機首を向け

た。向け終わって愕然《がくぜん》となった。前方に林がある。戦艦の煙突、マスト、艦橋の林である。

どれが自分の目標なのか分からない。頭はパニック寸前だ。思いついて右を見た。二〇〇メートル離れて村田隊長機が攻撃態勢に入っている。

〈あの前が一番だ。ならばオレは目の前にある艦橋の下にブチ込めばいい〉

安心すると同時に、またハッとした。機体の角度は？　傾斜は？　速度は？……、その一つでも狂っていたら、これまでの労苦が水のアワと消える。魚雷は海底に突き刺さってしまうのだ。計器に視線を走らせた。速度一六〇ノット、前後傾斜ゼロ……、文字にすれば長いが、前方の「林」に気付いてから一秒足らずのことである。

もう「ヨーイ！」のひまはなかった。機の姿勢を確認するやいなや、私はいきなり「発射！」と伝声管に向けてわめいた。

すかさず宮島一飛曹が投下索を引いた。ガタンという音とともに魚雷が機体を離れた。機体がフワリと浮き上がる。高度をそのままに、前方のマストと艦橋の間を飛び抜ける。はたして魚雷は走ってくれているだろうか……、頭の中にはそれしかない。

「走ってるか？」

宮島一飛曹に聞いた。

「走ってます。二本走ってます」

もう一本は村田隊長機のものである。そして間もなく「当たりました！」と歓声が聞こえてきた。

私はとっさに振り向いた。巨大な水柱がゆっくりと立ち上がり、そして崩れていくのがはっきり見えた。

〈やったあ〉

まさに手の舞い、足の踏むところを知らず。操縦席で躍り上がる心地であった。

だが、気がつくと、私の機をめがけて曳《えい》光《こう》弾が雨あられと追いかけていた。私は必死に右に左に機を滑らせながら弾丸を避けているうちに、だんだん恐ろしさが込み上げてきた。

しかし、任務は終えた。帰る前にもう一度うしろを振り向いた。とたんにガツンと音がして、右腕が動かなくなった。痺《しび》れて

フォード島から眺めた黒煙に包まれた戦艦群。

いる。

〈やられた！〉

気が動転した。自爆。とっさに脳裏《のうり》にその二文字が浮かぶ。対空砲火の直撃を受けたと判断したのである。だが、エンジンは快調に回っている。燃料計をのぞいた。タンクに損傷はないらしい。私は痺れた右腕はそのままに、操縦桿《かん》を左手に持ちかえて、とにかく集合地点に向かうことにした。

しばらく飛んだ。そっと右腕を上げてみる。何事もない。指を動かしてみる。楽に動く。なんのことはない、もう一度見ておこうと振り返った拍子に、ヒジをどこかにぶっつけただけだったのだ。「自爆する」なんてわめかなくてよかった。私はひとり密かに溜《た》め息をついた。

私は宮島一飛曹に話しかけた。

「後ろから射ってきたタマ、気味悪かったな」

「え？　分隊士、前からも射たれてましたよ。知らなかったんですか？」

宮島一飛曹は落ち着き払っている。彼は歴戦の勇士、「赤城」最古参の偵察員である。艦隊最年少の操縦員だった私は、恥ずかしながら前から射たれていたことを知らなかった。機体を操ることに夢中だったのであ

戦艦「テネシー」は水平爆撃による800キロ爆弾2発を受けたが、1発は不発、もう1発は3番砲塔に命中して14インチ砲を破壊したが、艦体は無事だった。

る――

魚雷攻撃は時間にすればほんの一瞬の出来事といってもいい短時間の攻撃だった。しかし、その一瞬の間に、真珠湾に碇泊していた米戦艦群で魚雷を食わなかったのは「テネシー」と「メリーランド」だけだった。だが、この両艦も無事には済まなかった。水平爆撃隊が出番を待っていたからである。

雷撃機が機首を上げて飛び去るのを見た淵田中佐率いる水平爆撃隊の各嚮導《きょうどう》機（爆撃時を教える先導機）は、すでに照準を絞っていた。米艦の対空砲火も盛んに火を吹き始めていた。陸上の砲台も火を吹き始めている。

ピシッと音がして淵田機がぐらりとゆれた。胴体後部の左側に大きな穴を開けられた。しかし、操縦には支障がなかった。淵田中佐は、早く嚮導機が投下索を引かないものかとやきもきしていた。ところが嚮導機は目標をやり過ごしたらしく、機体をチョイチョイと左右に振った。やり直しの合図である。

こうして淵田中佐が直率《ちょくそつ》する「赤城」の一番中隊は針路を変更して再突入することになったが、他の各中隊は一斉に攻撃に入

雷撃を受けて転覆した「オクラホマ」と炎上する「アリゾナ」「メリーランド」「ウェストバージニア」「テネシー」の戦艦群。

っていた。

淵田隊が針路を戻し、攻撃に入ろうとしたとき、戦艦群の中から大爆発が起こった。「ウェストバージニア」とともに集中攻撃を受けている「アリゾナ」だった。水平爆撃隊の八〇〇キロ徹甲《てっこう》弾が第二砲塔近くに命中、貫通し、前部火薬庫を爆発させたのだ。どす黒く真っ赤な火《か》焔《えん》は三〇〇メートル近くも立ち昇り、ドドドーンという爆発音はホノルル市中を揺るがした。

淵田中佐は双眼鏡で目標艦の「ネバダ」を捜した。しかし「ネバダ」は「アリゾナ」の黒煙に覆われ、よく見えない。「テネシー」も炎上している。隣の「メリーランド」が比較的〝軽症〟に見えた。淵田中佐は爆撃目標を同艦に変更するよう松崎大尉に命じた。淵田中佐の別の手記『真珠湾上空六時間』（昭和戦争文学全集『太平洋開戦』）を見よう。

「今度はうまく照準ができたとみえて、嚮導機は爆弾を投下した。こちらもすばやく投下索をひっぱると、そのまま座席に腹ばいになって、下方の窓から、爆弾の後を眼でおう。四発の爆弾が、鼻先をそろえて、前下方へツーとのびていく。前方の海面には、横づけした二隻の戦艦が現われている。あたるかなと息をこらしてみつめる。爆弾はいよいよ小さくなって見失ったかと思うころ、左側の戦艦の方にパッパッと二つ白い煙があがった。

『二弾命中！』

私は思わずさけんだ」

雷撃機や爆撃機が攻撃に専念している間、板谷《いたや》茂《しげる》少佐の率いる制空隊の零戦は上空で米戦闘機の迎撃に備えていた。出現したのはわずか四機だったが、制空隊はことごとく撃墜していた。そして八時を過ぎると上空に敵機の姿はなく、板谷少佐は隊を八群に分けて各飛行場の地上攻撃に移った。

「コレハ演習デハナイ！」

米太平洋艦隊司令長官のハズバンド・E・キンメル大将が艦隊司令部の当直将校マーフィー中佐からの二回目の電話に出ているその時、司令部に一人の下士官が「日本機、真珠湾を攻撃中」と叫びながら駆け込んできた。

中佐はそのまま長官に報告した。驚いたキンメルは、まだ朝食もとらずヒゲも剃《そ》っていなかったが、受話器を叩きつけるように置くと白い軍服のボタンを掛けながら表へ飛び出した。そして彼は真珠湾を一望できるマカラパ台地の官舎の庭に呆然《ぼうぜん》と立ちすくんだ。

上空には日の丸をつけた飛行機が飛び交い、真珠湾は黒煙に覆われていた。そして、この朝八時に約束していたウォルター・C・ショート中将（ハワイ陸軍部隊司令官）とのゴルフは当然だめだが、輝かしい海軍生活もこれで終わったことを自覚した。

この朝、ハワイの米軍はいくつかのミスを重ねていた。日本の小型潜水艦（特殊潜航艇）撃沈の報告が、すみやかに司令長官のキンメル大将に届かなかったのもその一つだったが、オアフ島の移動式レーダーの一基が多数の機影を捕らえていながら、これも報告されずじまいだったのである。

オアフ島北端のカフク岬近くあったオパナのレーダー基地は、オアフ島に配置された五つの基地の一つだが、午前六時四十五分、ジョゼフ・ロッカードとジョージ・エリオットという二人の信号兵は、オアフ島に近づいてくる一機の国籍不明機をレーダー・スクリーンに捕らえていた。本来ならここで二人はただちにヒッカム航空基地に近いフォート・シャフターの情報センターに急報しなければならなかったのだが、日

「いま飛行場が爆撃されている、ジャップだ！」と叫び狂う米兵の上空を飛ぶ97式艦攻。

日米開戦時のハワイの米海軍司令部。

曜の朝でもあるし、友軍の哨戒《しょうかい》飛行だろうとのんびり構えていた。だが、彼等がレーダー・スクリーンに捕らえた機影は、第一次攻撃隊に先立って機動部隊の第八戦隊の戦艦「利根《とね》」と「筑摩」から飛び立った、直前偵察の零式水上偵察機二機のうちの一機だったのである。

その一機、福岡政治《ふくおかまさはる》兵曹長ら三名の筑摩機搭乗員は、二人の米兵のおかげで午前七時二十五分、オアフ島を発見、高度三〇〇メートルの低空で島の北西から進入し、ホイラー飛行場の上空をかすめて真珠湾に向かった。そして七時五十分に第一電を発信、続いて真珠湾上空から在泊艦艇の正確な第二電を発信したのである。

「真珠湾在泊艦ハ戦艦一〇、甲巡一、乙巡一〇」

さらに、その碇泊隊形を続け、「敵艦隊真珠湾ニ在リ、真珠湾上空　雲高一七〇〇メートル、雲量七」と打電した。また、ライハナ泊地に向かった利根機は、同泊地には艦隊がいないことを報告し、いずれも無事に帰投している。おかげでこの直前情報を受信した第一次攻撃隊は、真っしぐらに真珠湾に直行できたのである。

ジョゼフ・ロッカードとジョージ・エリオットの二人の兵士は、単機の機影が消えた直後、今度はオアフ島北方一三〇マイル（約二〇〇キロ）に大編隊と思われる機影をスクリーンに捕らえ、初めて情報センターに電話した。しかし、訓練見習いのために配置されていた若い当直将校のカーミット・タイラー中尉は、「よし、心配するな」と言ったきり、電話に取り合わなかった。戦後の事情聴取によれば午前七時十五分ごろだったという。

彼は、この朝、カリフォルニアからハワイに到着予定の「空の要塞」といわれる一二機のB17爆撃機だとてっきり思ったのである。しかし、機密保持の上から、それを監視兵にいうわけにはいかないから、ただ「心配するな」とだけいったのだった。もちろんこれはタイラー中尉の誤算で、レーダーの大編隊は淵田美津雄中佐が総指揮をとる日本の第一次攻撃隊だった。

真珠湾に碇泊している艦艇の中にいて、最初に日本軍機の攻撃を知った指揮官は太平洋基地部隊指揮官のウィリアム・R・ファーロング少将である。ファーロングは基地部隊の旗艦である機雷敷設《ふせつ》艦「オグララ」の後甲板《こうかんぱん》を散歩しているときに、偶然にも高橋赫一少佐が指揮する急降下爆撃機が第一弾を投下するのを見た。しかし、それが日本軍機だとは思わず、〈爆弾投下装置をしっかり止めておかないとは、なんとも間抜けなパイロットだ〉と、一人舌《した》打ちをした。

爆弾はフォード島南西端の水際に落ちて爆発した。そして〈間抜けなパイロット〉の操縦する急降下爆撃機が大きく左旋回をして湾外に向かおうとしたとき、ファーロング少将は翼の日の丸を見た。彼は、反射的に「日本軍だ！」「配置に付け！」と叫び、

12月7日の早暁、カリフォルニアの基地からハワイに移動中のB-17爆撃機の編隊は、真珠湾に向かう日本軍攻撃隊に追い抜かれていた。B-17は燃料満載のため機銃などを搭載していなかったため、日本軍攻撃の最中、オアフ島の各飛行場に緊急着陸したり不時着した。写真はB-17から撮影した日本軍機。

「オグラ」の通信室に飛び込んで「全艦艇ただちに出撃せよ」と命令を発した。だが、その「オグラ」自身、碇を上げる前に日本軍の魚雷をぶち込まれてしまった。

高橋少佐の急降下爆撃隊が格納庫をめがけて一機、また一機と舞い降りてくるのを見ていた兵士は他にもいた。陸軍のヒッカム飛行場の二人の整備兵である。

「ほら、また空中サーカスが始まるぞ」

と冗談をいい合った二人は、先頭の見なれない飛行機から何かが落ちるのを見た。一瞬、車輪かなと思った。

「あ、車輪……。いや違う、ジャップだ！」

胴体に真っ赤な日の丸を付けた飛行機が、こともあろうに次々と爆弾を投下しはじめたではないか……。

第一弾が格納庫で爆発したとき、ジェームズ・モリソン大佐（陸軍航空隊参謀長）は飛行場内の宿舎でヒゲを剃っていた。そして激しい爆発音に飛び上がり、外に飛び出してみると格納庫はもうもうたる黒煙に包まれていた。上空からは星のマークに代わって日の丸を付けた爆撃機が、つぎつぎに襲いかかっている。

大佐はオフィスに飛んで行き、ハワイ陸軍管区司令部に電話をかけた。そして大声で怒鳴《どな》った。

「いま飛行場が爆撃されている、ジャップだ！」

受話器を取ったウォルター・フィリップス大佐（管区司令部参謀長）は、日曜日でもあるし、モリソン大佐が酔っ払ってわめいているのだと思った。フィリップス大佐が信用しようとしないのを知ったモリソン大佐は、受話器を窓の外に突き出し、相次ぐ爆発音を聞かせた。

「これでも信用しないか！」

モリソン大佐は再び受話器に怒鳴った。

さらにアメリカのノンフィクション作家ジョン・トーランドは『真珠湾攻撃』（徳岡孝夫訳）の中で、こんな一場面も描いている。

「急降下爆撃機が、つぎつぎにフォード島へ突っ込んでいった。島のすぐそばに停泊していた戦艦アリゾナの上では、陸軍航空隊の演習と勘違いした水兵が、こぶしを振り上げて叫んだ。

『バカ野郎、墜落しちまうぞ！』

魚雷２発と爆弾１発が命中した戦艦「カリフォルニア」。後方では「アリゾナ」が黒煙を吹き上げ、「オクラホマ」が胴体を見せている。

　真珠湾から東へ十キロのワイルペ海軍無電局では、無電士カール・ボイヤーが約三〇キロ北東の海兵隊飛行基地が平文《ひらぶん》のモールス信号を打つのを聞いた。

《爆撃ト掃射ヲ受ケタ。敵襲ダ》。

《シッカリセヨ、血迷ウナ》

　と、ボイヤーは打ち返した。

《演習デハナイ。実戦ダ》相手は懸命《けんめい》に打電してくる。ボイヤーはその電文を書いた紙を上官のところへ持っていった。上官は、みんなといっしょに窓のところに群がって、はるか下、真珠湾のほうを見ていた。最初は全員が陸軍機の演習と思ったが、やがて対空砲火の白い煙が見え始めた。ボイヤーから電文を受け取った上官の顔は蒼白《そうはく》だった。

『ワシントンに向かって打て！　暗号はいらんぞ』

　午前七時五十八分、ボイヤーが打った無電は全世界を震撼《しんかん》させた。

《パールハーバー空襲ヲ受ケル。コレハ演習デハナイ》」

　無電士から電文を受け取り、キンメル大将へ緊急報告をするとともに、全世界を震撼させる電文「コレハ演習デハナイ」をワシントンに打電させた上官は、ハワイの海軍第二哨戒部隊指揮官パトリック・ベリンジャー少将である。

　一方、ベリンジャー少将から急を告げられた現地の最高指揮官キンメル大将は、午前八時、全艦隊に対して「いま真珠湾が空襲されている、全艦艇はただちに真珠湾を脱出せよ！」と指令を発した。だが、時すでに遅かった。その三分前の午前七時五十七分、日本の雷撃隊は戦艦群に対して魚雷攻撃を開始していた。さらに八分後の八時五分には水平爆撃隊が襲いかかり、八〇〇キロ徹甲弾を巨艦の群れに雨あられと降り注いでいたからである。

大混乱の米太平洋艦隊

キンメル大将が迎えの車に飛び乗り、フォード島対岸の潜水艦基地内にある太平洋艦隊司令部に到着したのは八時五分ごろである。

そこは戦場のど真ん中だった。真珠湾の水道を挟《はさ》んだ対岸の戦艦泊地は火の海だし、彼とその幕僚たちが立っている司令部の作戦計画室は間断ない日本軍機の爆撃の振動で揺れ続けていた。

しかし、直接攻撃にさらされている艦艇の乗組員にくらべれば幸せだったかもしれない。フォード島南側の水道には七隻の戦艦が碇泊していたが、真っ先に攻撃を受けたのは「オクラホマ」だった。三本の魚雷が左舷《さげん》の艦腹にたて続けに命中し、艦はあっという間に左三〇度に傾いてしまった。

続いて狙われたのが「ウェストバージニア」で、左舷側から次々と水柱が上がった。しかし同艦はやや傾き加減になったものの、まだ致命傷にはなっていなかった。

「ウェストバージニア」が擱座《かくざ》するのは、雷撃に続いて襲ってきた爆撃機の命中弾だった。まず水平爆撃機の大型爆弾は内側に碇泊している「テネシー」に命中した。一発は不発だったが、他の一発が二番砲塔を破壊した。その破片は隣の「ウェストバージニア」に飛び散り、艦橋にいた艦長のマービン・S・ベンニオン大佐に重傷を負わせていた。「ウェストバージニア」が二発の直撃弾を受け、海底に居座ってしまうのはその直後だった。

工作艦「ベスタル」の内側に繋《つな》がれていた「アリゾナ」は、「ベスタル」の艦底を通過した一本の魚雷が一番砲塔の下に命中したが、これは致命傷にはならなかった。「アリゾナ」を悲劇の戦艦にしたのは、雷撃と急降下爆撃に続いて始まった水平爆撃隊の八〇〇キロ爆弾四発が命中し、その中の一発が前甲板《ぜんかんぱん》を突き抜けて火薬庫を爆発させたからだった。火薬庫の爆発は燃料貯蔵庫を誘爆させ、次の瞬間、「アリゾナ」

フォード島の海軍基地から見た炎上中の戦艦「カリフォルニア」。

は凄《すさ》まじい爆発音とともに猛烈《もうれつ》な火炎を吹き上げた。そして艦は真っぷたつに折れ、またたくまに沈んでいった。

日本機の攻撃を受ける駆逐艦「ショー」と戦艦「ネバダ」。しかし両艦とも不幸中の幸いで沈没は免れた。

「アリゾナ」の隣に係留《けいりゅう》されている工作艦「ベスタル」の艦上には、艦体の破片に交じって乗組員の手足や頭など、身体のあらゆる部分が飛んできた。その中には、同艦にいたアイザック・C・キッド少将と艦長のフランクリン・バン・バルケンバーク大佐の遺体も含まれていた。海底に擱座しても黒煙と炎を上げ続ける「アリゾナ」の艦内や周辺の海上では、一〇〇〇人を超える将兵が死臭と火の海の中でのたうちまわっていた。

「メリーランド」は「オクラホマ」の内側にいたから魚雷攻撃はまぬがれたが、八時五分ごろからはじまった空爆にさらされた。水平爆撃機の放った八〇〇キロ徹甲弾は前甲板を貫通して船艙《せんそう》内で爆発し、続いて急降下爆撃機の二五〇キロ爆弾が雨あられと降り注ぎ、艦は大破した。

同じころ、戦艦列のいちばん南に一隻だけで係留されていた「カリフォルニア」も爆撃を受けていた。すでに同艦は二本の命中魚雷を食っていたが、まだ浮いていた。それを、最初の進入時に照準を合わせきれなかったために再突入した、淵田中佐の編隊がはるか四〇〇〇メートル上空から発見し、投下索を引いていた。八〇〇キロ弾は弾薬通路で爆発し、やっと応戦態勢をとって砲塔にしがみついた五〇人余の砲員を死に追いやった。

戦艦群の最北端に一隻だけで係留されていた「ネバダ」は、なぜか他の艦よりも遅れて攻撃を受けたため、その間に湾外に逃れようと水路に向かってノロノロ動き出していた。しかし、日本の雷撃隊は見逃してくれず、とうとうそのどてっ腹に魚雷を打ち込んできた。しかし「ネバダ」はひるまず、フォード島の南東端に向かってヨタヨタ進んでいた。さんざん攻撃されながらも、どうにか持ちこたえていた「オクラホマ」が横倒しに沈んだのはちょうどそのころだった。

ハワイの米指揮官たちは、日本軍の攻撃

戦艦「テネシー」の乗組員は襲いかかる日本軍機に対して勇敢に戦った。左は戦艦「ウェストバージニア」。

でのたうち回るわが艦隊を目前に、ただ呆然《ぼうぜん》とみつめるだけだった。しかし、艦上の将兵たちは勇敢《ゆうかん》だった。日本軍の攻撃直後、将兵たちは「総員配置」で反撃の引き金を引いていた。

僚艦《りょうかん》がつぎつぎ炎上し爆発する中で、「テネシー」は二発の命中弾を食っていたものの、それほどの損害は出ていなかったから、狙われた戦艦のなかでは一番応戦に活躍していた。むしろ「テネシー」の被害は、隣で大爆発を起こしている「アリゾナ」の破片が落下してきたための被害のほうが大きいくらいだった。

その「テネシー」に乗艦していた海兵分遣《ぶんけん》隊《たい》のロジャー・エモンズ上級曹長は、戦後に書いた手記『真珠湾』のなかでいっている。

「攻撃隊の第一波がやってきたとき、私は『テネシー』の第二甲板の海兵分遣隊事務室にいた。書記のジョージ・W・ダイニング一等兵は、机に向かって日朝点呼報告を作成していた。突然われわれは激しい衝撃を感じた。それはまるで、艦がそっくり横に押されたようだった。爆発音が少しも聞こえなかったので、他の艦がわれわれに衝突したものと思った。

その直後、非常警報装置が「総員配置につけ！」を報じた。（略）私の戦闘配置は五インチ〔一二・七センチ〕舷側《げんそく》砲だった。配置について初めて、私は何がおこったのかを思い知らされた」

エモンズ曹長が目にしたのは、フォード島のあちこちから立ち上ぼる黒煙と、前後に並ぶ僚艦が次々爆発・炎上する地獄絵図だった。そして上空からは、日の丸を付けた飛行機が群がって襲いかかってくる様《さま》だった。

「全乗組員はそれぞれの戦闘部署に向けて突進した。何の恐怖もおこらなかった。そのショックを経験した誰もが、いつでも自分の任務につける用意ができていた。兵士

各飛行場に駐機する飛行機と施設を狙って機銃掃射や急降下爆撃を加えてくる日本機に対して、果敢に応射するフォード島内の米陸軍兵たち。

大爆発を起こした戦艦「アリゾナ」の爆煙に覆われ、営庭に逃れて呆然とする海兵隊員。

は、ただちに高角砲《こうかくほう》と機関銃の配置についた。最初の砲は、警報後三分以内に戦闘行動に入った。

次の四十分間、『テネシー』は爆弾と銃弾の嵐の中にあった。日本機はわが艦を再三爆撃し、低空攻撃で機銃掃射を開始した。『テネシー』の砲員は、不屈《ふくつ》かつ決然とした態度で立派に戦った。彼等は砲を射撃し続け、日の昇る国から来た目じりの吊り上がった野郎どもをみな殺しにすること以外、何も考えなかった。容易な餌食《えじき》だと考えて舞い降りてきた敵機は、われわれの高角砲と機関銃による一斉射撃で迎えられた。そのような心からの歓迎を受け、日本の飛行士たちはその後『テネシー』を敬遠した」

日本軍機が姿を見せなくなったのは、エモンズ上級曹長のいうように「テネシー」を敬遠したわけではなかった。

各機ともすでに魚雷や爆弾を撃ち尽くし、所定の攻撃を終え、はるか洋上の母艦に向かって帰途《きと》についていたからである。ハワイの米軍の記録では、日本軍機の攻撃が「小休止」したのは午前八時二十五分ごろであったという。

戦場に飛び込んだ第二次攻撃隊

日本の攻撃機が姿を消し、襲撃は終わったかに見えた。しかし、日本軍の襲撃はさらに続く。第一次攻撃隊の一時間後に発進した嶋崎重和《しまざきしげかず》少佐を総指揮官とする第二次攻撃隊一六七機が、目前に迫っていたからである。嶋崎少佐直率の水平爆撃隊五四機、江草隆繁《えぐさたかしげ》少佐指揮の急降下爆撃隊七八機、進藤三郎《しんどうさぶろう》大尉指揮の制空隊三五機である。

このとき、第一次攻撃隊の一機が真珠湾上空に残っていた。総指揮官機の淵田美津雄中佐の機である。淵田中佐は、戦果と未収容機がいないかどうかを確認するために、残存燃料ぎりぎりまで上空にとどまっていたのだ。

淵田中佐は真珠湾攻撃に関する手記をいくつか残しているが、ここでは『真珠湾上空六時間』から引用させていただこう。

「私は以後の戦闘の指導と、そのあと引き揚げの戦闘機をあつめ、誘導してかえらねばならぬので、居残っていた。そして、あちらこちらの戦況を観測し、戦果を判定していた。真珠湾も、各飛行場も、はげしい銃爆撃にさらされて、阿修羅《あしゅら》の姿であった。そこでは一時間前の威容《いよう》は、すでに失われていた。

しかし、地上の対空砲火はますます激しさをくわえている。私は断雲《だんうん》をぬいながら、砲火をさけてその間隙《かんげき》から覗《のぞ》いていた。この間、一機の敵戦闘機にもみまわれなかった。オアフ島の制空権を完全ににぎったのである。

やがて午前四時二十分（注・東京時間・実際は四時二十五分）第二波空中攻撃隊指揮官嶋崎少佐の発した突撃下令の電波を耳にした。そしてまもなく、第二波の制空隊が侵入してくるのを認めた。つづいて、江草少佐のひきいる降下爆撃隊が、東海岸から山をこえて突撃してきた。江草少佐の搭乗機は、指揮官機標識としてまっ赤にぬっているので、遠目にもよくわかる。まっ赤なじゃじゃ馬が先頭にたっているのは、いかにも強そうで、ほほえましかった。

断雲は次第にふかくなり、爆煙は空をおおって、目標の視認《しにん》をさまたげていた。降下爆撃隊は四千メートルから急降下にはいろうとして、目標の視認と選択にくろうしているもようである。なかには、いったん低空におりて目標を見さだめてから、ふたたびまいあがって急降下にはいっているの

第2次攻撃隊指揮官
嶋崎重和少佐

第2次攻撃隊が真珠湾上空に達したとき、米軍の各基地は炎と煙の中で大混乱を来していた。

進藤三郎大尉

アメリカ本土から飛来し、戦闘の真っ最中に決死の着陸をしたB-17爆撃機の下から見る「アリゾナ」の炎上の模様。

もいる」

　この第二次攻撃隊の一団がカフク岬の上空に姿を現わしたのは八時四十分、第一次攻撃隊の機影が真珠湾の上空から姿を消してまもなくだった。そして八時四十三分に展開命令が出され、五十五分に「全軍突撃」が命ぜられた。

　攻撃隊は岬の上空で三手に分かれ、まず最短距離をとる制空隊が主力をもってヒッカム飛行場を襲い、一部がカネオへ飛行場を攻撃した。続いて外側から水平爆撃隊がカネオへ、ヒッカム、真珠湾に突入した。中央経路をとる急降下爆撃隊は真珠湾に直行、第一次攻撃隊の攻撃からまぬがれた艦船を求めて爆撃を繰り返した。

　奇襲成功の第一次攻撃隊にくらべ、攻撃ははるかに難渋《なんじゅう》した。上空も湾内も黒煙に覆われ、目標を捜すのも、視認するのもままならない。加えて米軍の対空砲火は一段と強力になり、迎撃する戦闘機の数も増大していた。

進藤三郎大尉の回想（「赤城」制空隊）

　戦闘機隊は攻撃編隊の一番上を飛んだ。飛行中はハワイ放送を聞きながら飛んだ。それは飛行機の方向を定めるためでもあるが、突然音楽が止んで、アナウンサーが何か早口でしゃべりだした。そういう状態が続いたので「一次の連中が攻撃を始めたな」と思った。

　真珠湾に近付くにつれてだんだん高度を上げていった。六〇〇〇メートルくらいで進入し、島を回りながらだんだん高度を下げていった。高射砲があちこちから上がっている。この分では戦闘機も上がっているなと思ったが、私は直接遭遇しなかった。

　私の直率した「赤城」を母艦とする中隊（九機）はヒッカム飛行場の銃撃に急いだ。しかし、すでに第一次攻撃隊に爆撃されているので、煙りがすごい。煙のために地上の飛行機があまりよく見えないという状況だった。それに地上からの反撃も激しいものがあった。それでも第一撃を加えて、いったん編隊を解散し、また上空で編隊を組み直して第二撃を加えて引き揚げた——

　進藤大尉が直率する「赤城」の零戦九機（第一制空隊）がヒッカム飛行場に突入したとき、飯田房太《いいだふさた》大尉率いる「蒼龍」の零戦九機（第三制空隊）はカネオへ海軍基地に突入していた。指揮官の飯田大尉はこの戦闘で被弾し、基地に突撃して自爆するのだが、藤田怡与蔵《ふじたいよぞう》中尉は、その隊長機とともにカネオへ基地に突入した一人だった。

藤田怡与蔵中尉の回想（「蒼龍」制空隊）

午前八時四十分（現地時間）過ぎ、断雲の間からオアフ島の海岸線が見えてきた。「全軍突撃せよ！」の無電が入る。わが第三中隊（中隊長・飯田房太大尉）は、中隊長機を先頭に単縦陣《たんじゅうじん》を作り、高度六〇〇〇メートルでカフク岬上空から進入を開始した。命令では上空に敵戦闘機がいればこれと空中戦を、いなければカネオへ基地を銃撃する予定になっている。私はオアフ島上空を渦《うず》を描くように飛んでいたが、敵の邀撃機は一機も現われない。

真珠湾の方角に視線を落とすと、もうもうたる黒煙が上がっている。パイナップル畑のほうから、湾内に碇泊している米艦隊に突入する水平爆撃機の編隊の姿が見えた。その真珠湾からは敵の高射砲がどんどん撃ってきた。高射砲は実にしっかりしていて、われわれが高度を上げ下げすると、そこをピタリと狙って追いかけてきた。

藤田怡与蔵中尉

敵の戦闘機が見えないため、われわれは予定通りオアフ島北側にあるカネオへ海軍基地の攻撃に移った。もうもうと立ち上る煙と敵の邀撃がないことで、第一次攻撃隊の奇襲は成功したと思ったが、私はこれからやる銃撃のことで頭が一杯で、中隊長機の後にくっついて行くのがやっとだった。

北部の山脈を越えるとカネオへ基地が見えてきた。静かな湾内には飛行艇が三機繋留してある。われわれはこの飛行艇の銃撃から攻撃を開始した。敵基地からは曳光弾がアイスキャンデーのようにわが機に向かって飛んでくる。ところが、銃撃を開始してまもなく味方の爆撃隊が攻撃を始めたため、黒煙で目標が見えなくなってしまった。そこで中隊はやむなく隣りにあるベローズ陸軍基地の銃撃に移った。そして二回の銃撃を加えたとき、飯田中隊長から全機集合の合図が送られてきた。

乗機の零戦が被弾、カネオへ基地に突入して戦死した飯田房太大尉を埋葬する米軍。米軍は軍葬の礼をもって埋葬した。

集まって編隊を組むと、中隊長機と中隊長の二番機・厚見《あつみ》峻一《たかし》飛曹の飛行機の燃料が尾を引いていた。地上砲火で燃料タンクに被弾したに違いない。これでは帰る燃料がなくなるんじゃないかと思いながら、ベローズからカネオへ基地に向かっていると、飯田中隊長が手先信号で口を指し「燃料がない、自爆する」と合図してきた。その直後、飯田大尉はピューっと機首を下げるとカネオへの基地へ突っ込んでいった。

中隊長の自爆を見届けた私は、中隊（一小隊三機、三小隊編成）の残った八機を集めてカフク岬の集合点に向かった。そしてカフク岬の上空で他の中隊を待っていると、八機か九機の米戦闘機P36が横長の編隊でわれわれの後方から襲撃してきた。それが私にとって生まれて初めての空中戦だった。無我夢中《むがむちゅう》だったが、空中戦をやっているときは普段の訓練と同じような感覚だった。そのときはたぶん二機ぐらい落としたと思うが、一機は私の弾があたっても煙を吐いただけで燃え上がらず、確認はできなかった。

その戦闘で敵の最後の一機が私に向かってきた。かわそうと思うが間に合わない。私はそのまま正面から撃ち合いに出た。そのとき私は相手にぶつけるつもりでいた。大尉は自爆してしまうし、落下傘《らっかさん》は着けていなかったし、もとより死ぬ覚悟であったから「こいつにぶっつけて心中してやれ」という気持ちだった。

ドライドックの手前に転覆しているのは駆逐艦「カシン」、左が「ドウネス」、その後ろが戦艦「ペンシルバニア」。

ところが相手は私がまっすぐに突っ込んでくるものだから、驚いて私の目前で上方に回避した。私の目の前に敵の飛行機の胴腹がガバッと広がった。私はありったけの銃弾を叩き込んだ。P36は煙を吐いて落下していった。私の愛機もかなり被弾したらしく、エンジンが息をつきはじめていた。

空中戦が終わり、私は列機に集合をかけた。八機のうち飯田中隊長直率の第一小隊の二機は帰ってこなかった。厚見峻一飛曹の飛行機は私の見ている前でP36を追撃していったが、スピードがつきすぎていたのであろう、バックファイアーを起こしてしまった。バックファイアーというのは、スピードを落とそうと急にスロットル弁を引くとマフラーから炎が出ることをいうのだが、その炎が、それまで尾を引いていた燃料に引火したのだろう、厚見一飛曹の機体は燃え上がり、そしてそのまま落ちていってしまった。それからもう一人、飯田大尉の三番機だった石井三郎《いしいさぶろう》二飛曹も、ついに集合点には来なかった。記録では「自爆」となっている。

私はしばらく石井二飛曹を待っていたが、私の機体も風防やエンジンに弾を受けており、あまり長時間待っているわけにはいかなかった。ちょうどそのとき、三機の急降下爆撃機がカフク岬の上空を通って空母に帰ろうとしていた。艦爆《かんばく》には航法の専門家が乗っている。私たちはその艦爆の後について空母に向かった――

制空隊の零戦が各飛行場を襲撃しているころ、爆撃隊は真珠湾に突入して、第一次攻撃隊がとどめをさせなかった艦艇を求めて攻撃を開始していた。

この日、ドックに入って修理中だった太平洋艦隊の旗艦「ペンシルバニア」は、幸運にも第一次攻撃からまぬがれていた唯一の戦艦だった。この残された大物を発見したのは、千早猛彦《ちはやたけひこ》大尉が指揮する「赤城」の急降下爆撃隊第一中隊の九機である。「ペンシルバニア」は右舷短艇甲板を貫通した徹甲弾が五インチ砲郭《ほうかく》内で爆発したが、損害は軽かった。

同じ「赤城」の急降下爆撃隊第二中隊を率いる阿部善次《あべぜんじ》大尉は別の目標を狙っていた。

阿部善次大尉の回想（「赤城」艦爆隊）

ハワイ上空に近づいたころ、すでに空は明るくなっていた。だが、目的地の上空は雲に覆われている。

午前四時十分、突撃命令が下された。

高度三五〇〇から降下をはじめ、大きく右に旋回しながらフォード島に近づくにつれ、対空砲火が激しさを増す。高射砲弾が炸裂《さくれつ》する。特有の黒煙がすきまなく上空を覆っている。初めて恐怖が突き上げてくる。だが、ガマン。戦艦めがけて突入することだけを考える。私の後ろには一七機の部下が続いている。ほかのことを考えている余裕はない。

阿部善次大尉

フォード島に、真横から突入する形になった。模型で見せられた通りの光景が眼下に広がっている。第一波攻撃隊の連中が、まだドンチャン騒ぎを繰り広げている。あちこちで凄まじい煙が上がっており、水柱も上がっている。その中に、まだ煙を上げていない戦艦が目についた。北から二番目の内側、アリゾナ・ペンシルバニア型だ。

「よし、あいつだ！」

突入開始。照準器に地上から撃ち上げる曳光弾が入る。当たったらそれで終わりだ。掛け値なしの命がけである。高度四〇〇。

「テーッ！」

の声と同時に投下索を引き、操縦桿を引きつけた。一瞬、目の前が真っ白になった。

「当たりました！」

斎藤千秋《さいとうちあき》飛曹長が叫んだ。

当たるはずだ、当たらないわけがない、しかし、当たったからといってクソの役にもたたん――なぜか私には浮き立つような喜びが沸《わ》いてこなかった。巨大な戦艦に二五〇キロ爆弾一個、どうということもない、そんな思いだった。

われわれが狙った戦艦泊地の北側から二番目、内側のブイに繋がれていた戦艦は、後になってわかったことだが、「アリゾナ」であった。日本軍の真珠湾攻撃のモニュメントとして、現在でも湾底に当時の姿を残している、あの戦艦である。ちなみにいえば、戦艦「アリゾナ」に致命傷を与えたのは、水平爆撃隊の放った八〇〇キロ徹甲弾だった。

一発必中を期して対空砲火の弾幕《だんまく》に挑む艦上爆撃機は、損失もまた大きかった。幸いにも私の機は二〇数カ所に機銃の弾痕《だんこん》を残しただけであったが、攻撃隊全体で一五機が失われた。そのうちの一四機はいずれも第二波攻撃隊のもので、私の二番機も含

迎撃態勢を整えつつあった米軍の前に、第2次攻撃隊の損害も膨らんでいった。写真はヒッカム飛行場に撃墜された99式艦爆。

まれている。雷撃機四、戦闘機一〇という損失数に比べると、急降下爆撃の任務がいかに苛酷《かこく》なものであるかがおわかりになるだろう——

このとき中川俊《なかがわしゅん》大尉は「飛龍」の急降下爆撃隊を率いていた。

中川俊大尉の回想（「飛龍」艦爆隊）

江草少佐の突撃命令で、艦上爆撃機八一機はそれぞれ獲物《えもの》を求めて隊ごとに四方に散った。

猛烈な対空砲火。高射砲弾がエンジン音を圧倒する。衝撃波をもろに受けて機体がガクンガクンと飛び上がる。雲の下は砲弾の煙と地上から立ち上ぼる黒煙で白黒まだらのジュウタンを敷きつめたようになっている。視界が悪い。とにかく目標を確認しないことには話にならない。

中川俊大尉

右旋回をし、高度をとる。四五〇〇メートル。フォード島が見えた。工廠《こうしょう》、ドック……。さらに旋回しながら高度を下げた。目標はドックに入渠中の大型の巡洋艦だ。

高度三〇〇〇。ちょっと翼を振って突撃命令を下す。一本の棒となって列機が後に続く。東北東の追い風だ。追い風を受けると降下角度が深くなり、命中率が上がる。

高度四〇〇、投下！

高度四〇〇での投下は気圧高度計に頼る急降下爆撃の限界で、必中を期するため被害を度外視《どがいし》したギリギリの賭けであった。高度計の表示は実際の機の高度よりも若干遅れるから、引き起こしが一瞬でも遅れると海面に激突することになる。だが、操縦はうまくいった。私の機は海面スレスレで、フォード島の戦艦群を横目で見ながら猛烈な高速で海面を走り抜けた。

第２次攻撃隊の艦爆隊に狙われたドッグ内の米艦艇。

戦艦の甲板が頭上に見えた。艦艇の銃座から射ち出される機銃弾が頭上を飛び去っていく。われわれも応戦し、碇泊中の駆逐艦に銃撃を浴びせながら、フォード島北方から西方海上へ抜け出した。そして帰投集合点のカフク岬東北洋上に向かった。

私が目標に選んだのは、後でわかったことだが、大型巡洋艦「セントルイス」であった。

集合点に達した私は、燃料の残量を考えて三〇分だけとどまることにした。まもなく艦爆が一機、また一機と集まってきた。そして同じ「飛龍」の戦闘機二機を合わせて合計九機を集め、いざ帰ろうと下を見ると、岬の西側から飛行艇が現われた。高度五〇〇くらいで北に飛んで行く。まっすぐ飛べば機動部隊が発見される。見逃すわけにはいかない。

「やるぞ！」

こちらは高度約二〇〇〇、九機が一本棒になって襲いかかった。といっても武器は七・七ミリ機銃しかない。とにかく固定銃と旋回《せんかい》銃で射ちまくった。向こうは二〇ミリ機関砲を射ち返してくる。

九機が三回ずつ攻撃を繰り返して、やっと敵機の右エンジンに火がついた。やがてプロペラの回転が止まり、飛行艇は荒波の中に不時着していった。

燃料が心配になった。私は急いで編隊を組み、一路北に向かって針路をとった。しばらく飛び続けていると、今度ははるか左前方に戦闘機らしい小型機の編隊が見えてきた。全部で八機、敵機だったら万事休すである。だが、近づいてみると零戦であった。制空隊の一部のようだ。こうして艦爆と零戦を合わせた一六機をなんとしても無事に連れ帰らなければならなくなった。電波は使用できないので、母艦の位置を確認することはできない。

濃いミストのなか、ともかく予定地点には着いた。だが、艦隊は発見できない。いうまでもなく空母はじっと一カ所にとどまっているわけではない。帰還した機を収容するために、そのつど風上に向かって航行するからだ。艦爆も零戦も、もう燃料はほとんど尽きかけているはずである。早く母艦を発見しなければ、私の機も他の一六機も海の藻屑《もくず》と消えてしまう。私は運を天にまかせて風上に向かって四五度転針をした。五分間だけそのまま飛んだ。だが、見えない。もう一度四五度転針した。これで発見できなければ終わりである。私は祈った。そして、眼下にかすかな航跡《こうせき》を見た。友軍であった——

機雷敷設艦「オグララ」は命中弾は受けなかったが、1本の魚雷が艦底をとおり、隣りに碇泊していた乙巡「ヘレナ」の舷側で爆発したため艦底に損傷を受け、脱出しようとして横転、沈没した。

こうして戦いは終わった。ところで、第一次攻撃隊の襲撃を受けたものの、比較的損害が少なかった「ネバダ」は、なんとか湾外に脱出しようと繋留を離れて航行を始めた。だが、急降下爆撃隊の恰好の餌食になり、集中攻撃を受けてフォード島の南西端北側に座礁《ざしょう》してしまった。午前八時四十分ごろである。日本軍の攻撃が完全に終わったのは午前九時四十五分、東京では八日の早朝、五時十五分だった。

真珠湾攻撃で日本軍の攻撃機は二九機が還《かえ》えらなかった。内訳は第一次攻撃隊が九機、第二次攻撃隊が二〇機だった。この数字は、真珠湾攻撃が完全奇襲に成功したことを証明するとともに、米軍の反撃態勢がいかに素早く整えられたかも証明していよう。

第5章 さまざまな終章

遅れた「最後通告」

第二次攻撃隊を率いる嶋崎重和《しまさきしげかず》少佐が「全員突撃！」を命じたころ、ワシントンでは野村吉三郎、来栖三郎《くるすさぶろう》両大使が国務省にやっとたどりついていた。ベテラン外交官の来栖大使は、緊迫した日米交渉を助けるために十一月十五日にワシントンへ赴任したばかりだった。そして、ついに最後の日を迎えてしまったのである。

日曜のこの日、来栖大使は朝方に横山一郎《よこやまいちろう》海軍武官の来訪を受け、多数の電信が大使館に配達されているようだと聞いた。来栖はその場で大使館の参事官を電話に呼び出し、電信の有無を確認した。電信はアメリカ政府に手渡す日本の最終回答書となる「帝国政府見解」であることがわかった。来栖が文書の解読・翻訳について尋ねると、参事官は「すべて手配済みです」という。

野村吉三郎駐米大使

来栖三郎遣米特派大使

東京からの電信は全部で一四通からなっていたが、すでに文書は六日から送信が開始されていた。そして「覚書《おぼえがき》を電報したが、長文であるから、一部は翌日になるかもしれぬ。覚書を受けとったことも厳秘せよ。覚書の提出時期は追電する」という指示電信も入っていた。さらに、覚書は機密の保持上、タイピストに打たせてはならないという念を押す訓令も届いていた。

ところが、野村大使をはじめワシントンの日本大使館は、この覚書の重要性の認識に欠けていた。電信が届きはじめた六日は土曜日であったから、館員は覚書の清書もせずに帰宅してしまい、夕方から大使館に残っていたのは一名だけだったのである。すでに日本の外交暗号解読に成功していたアメリカは、この日の夕方までに届いた日本の「最後通告」一三部をすべて解読し、午後八時半には英文への翻訳も終えていた。

十二月七日の朝、大使館は混雑をきわめていた。そして午前十時半に最後の一四通目が届き、同時に「覚書は七日午後一時、国務長官に手交せよ」と訓令してきた。ワシントン時間の午後一時は、ハワイのホノルルでは午前七時三十分。第一次攻撃隊の攻撃開始予定は午前八時とされていたから、第一弾投下の三〇分前に手交せよということだったのだ。

野村はただちにハル国務長官に会見を申し込んだ。しかし、野村の用件を察知していたからなのか、ハルは「午後一時には昼食の約束があり、会見はできない」という。それならば「国務次官でもいい」と野村は食い下がった。

結局、ハルが会おうということになり、野村は安心したのだが、肝腎《かんじん》の覚書のタイプは遅々として進まなかった。

当時の駐米日本大使館。

来栖は回顧録『日米外交秘話』に、「七日の朝から上級書記官が慣れぬタイプを自身で叩き始めたのである。何分にも昂奮《こうふん》しているので、消したり直したりして仲々進まない。結城書記官は殆ど居催促の形で側につき切りであったという」と書き残している。

日本の大使館が最後の第一四部の翻訳を終えたのは午後十二時三十分だった。しかし、タイプはまだ第一三部も終わっていない。これでは午後一時の手交は不可能である。野村は国務省に電話を入れて会見時間を四五分延ばしてもらった。そのころアメリカ側は第一四部の解読も終わり、ハル国務長官の手にも訳文が届けられていた。

一九四八年に刊行された『コーデル・ハル回想記』には、こう書かれている。

「午前中に私は長い傍受電報を受け取ったが、これは東郷外相から野村、来栖両大使にあてた十四部からなる長文の電報であった。これこそ十一月二十六日のわが方の提案に対する回答であった。このほかに両大使あての短い電報があり、それはその日の午後一時にこれを米国政府に、できれば私に手渡すように指示してあった。これが行動開始の時刻であったのだ。

日本の回答は無礼きわまるものであった。それは『米国の提案は支那事変四年のあいだに日本が払った犠牲を無視し、日本帝国の存立そのものを脅かし、名誉と威信を傷つけるものだ。米国は英国その他と共謀して、東亜新秩序の建設によって平和を確立しようとする日本の努力を妨害している』と述べ、『米国政府の態度にかんがみて、日本政府はこれ以上交渉をつづけても意見の一致に到達することは不可能と考えざるを得ない』と結んであった。この通告は宣戦の布告はしていなかった。また外交関係を断絶するともいっていなかった。日本はこのような予備行為なしに攻撃してきたのである」（毎日新聞社訳・編『太平洋戦争秘史・米戦時指導者の回想』）

野村・来栖両大使がやっとのことで国務省に駆けつけたときは、延長してもらった午後一時四十五分も過ぎ、二時を五分も回っていた。二人は国務省の外交官応接室にとおされた。もちろん野村も来栖も、まさにそのとき日本軍が真珠湾を攻撃している真っ最中であることなど夢にも思っていなかった。

　ちょうどそのとき、ハルにルーズベルト大統領から電話がかかってきた。ルーズベルトは早口で「日本が真珠湾を攻撃したという報告がきた」という。ハルは「その報告は確認済みですか?」と聞き返した。大統領は「まだだ」という。そして二人は、おそらくこの報告は本当だろうと思う、と意見を述べ合い、電話を切った。

　ハルは両大使を呼ばせた。

「野村と来栖は二時二十分（ハワイ時間午前九時二十分）に私の部屋に入ってきた。私はひややかな態度で彼らを迎え、椅子をすすめることもしなかった。野村はおずおずした様子で、政府からは午後一時に文書を手渡すように訓令されていたのだが、電報翻訳に手間どっておそくなった、と弁解がましく言い、日本政府の通告を私に手渡した。

　私は野村に対して、最初会見時間を午後一時と指定したのはなぜかとたずねると、彼は自分には分らないが、政府の訓令にそうあったからだと答えた。私は手渡された通告に目を通すようなふりをした。その内容は私にはもう分っていたけれども、もちろんそれをおもてに出してはならなかった。二、三ページ読んでから私は野村に、この文書は政府の訓令にもとづいて提出されたものか、とたずねた。彼はそうだと答えた。私はこの通告の終りまで大急ぎで目を通すと、野村の方を向き、彼に目をすえたまま言った。

『はっきり申し上げるが、私は過去九カ月間のあなたとの交渉中、一言も嘘《うそ》を言わなかった。それは記録を見ればよく分ることだ。私は五十年の公職生活を通じて、これほど恥知らずな、虚偽と歪曲に満ちた文書を見たことがない。こんなに大がかりなうそとこじつけを言い出す国がこの世にあろうとは、いまのいままで夢想もしなかった』

　野村はなにかものいいたげな様子であった。彼の表情は平静であったが、私は彼が大きな激情に襲われているのを感じた。私は手を振ってなにか言い出しそうな彼を制止し、あごでドアの方をさした。両大使はなにも言わいで頭をたれたまま出ていった」（前掲書）

　日曜日の国務省は人影もまばらだった。野村と来栖はうち沈んで大使館に戻った。そして、初めて真珠湾攻撃のニュースを耳にしたのだった。大使館の表の鉄の扉は堅く閉ざされ、次第に集まってくる群衆を、警備の警官が制止しはじめていた。

来栖三郎特派大使は野村吉三郎大使を助けて対米開戦をなんとしても避けようとハル国務長官と交渉を重ねたが、結果は水泡に帰した。写真は交渉中のハル国務長官（中）と野村（左）、来栖（右）の両大使。

壊滅的打撃の米軍陸上基地

二人の日本大使が大使館に戻ってきたころ、真珠湾ではまだ日本軍の攻撃は続けられており、陸上の各基地もまた大混乱に陥っていた。

当時、オアフ島には陸海軍合わせて次の八カ所の航空基地があった。

〈陸軍航空基地〉

○ホイラー飛行場　島の中央北部にある陸軍の主要基地で、十二月七日（ハワイ時間）の朝、同基地にはハワイの米軍が擁していた一五二機の戦闘機の大半が配備されていた。米陸軍の最新鋭機P40型をはじめ、P36A型、P26という米軍の主力戦闘機ばかりで、当時、使用可能機数は九四機で、残り六四機は格納庫などで修理中だった。

日本軍による真珠湾攻撃で最初の第一弾を見舞われたのは、ここホイラーとヒッカムの両飛行場だった。事前の情報でホイラーが戦闘機基地であることを知っていた日本軍は、米軍の迎撃を押さえるため、まずホイラー攻撃を主要な目標の一つにしていたのである。

坂本明《さかもとあきら》大尉に率いられた空母「瑞鶴」の急降下爆撃隊二五機が、ホイラー飛行場を急襲したのは午前七時五十分ごろだった。戦闘機の大部分は格納庫にあったが、駐機線にあった機は整然と翼と翼がつながれ、日本軍の恰好の目標になった。瑞鶴隊の攻撃は約一五分で終わったが、ホイラー飛行場は第二次攻撃隊七機の銃撃も受け、合計八八機が破壊・炎上してしまった。さらに日本軍機は格納庫やPX、兵舎にも容赦なく攻撃を加え、基地内は一面の火の海と化してしまった。

ホイラー飛行場で日本軍により破壊されたP-40戦闘機を調査する米兵。

○ヒッカム飛行場　真珠湾口の東側、フォード島の対岸にあり、ホイラーと並んだ陸軍の主要基地。ここには、当時の米軍が誇る一二機の〝空の要塞〟B17と、旧式のB18三三機、A20一二機など七二機の爆撃機が、格納庫の前にぎっしりと並べられていた。

ヒッカムもホイラー同様、日本軍の第一

日本軍機の爆撃で破壊されたホイラー飛行場の施設。

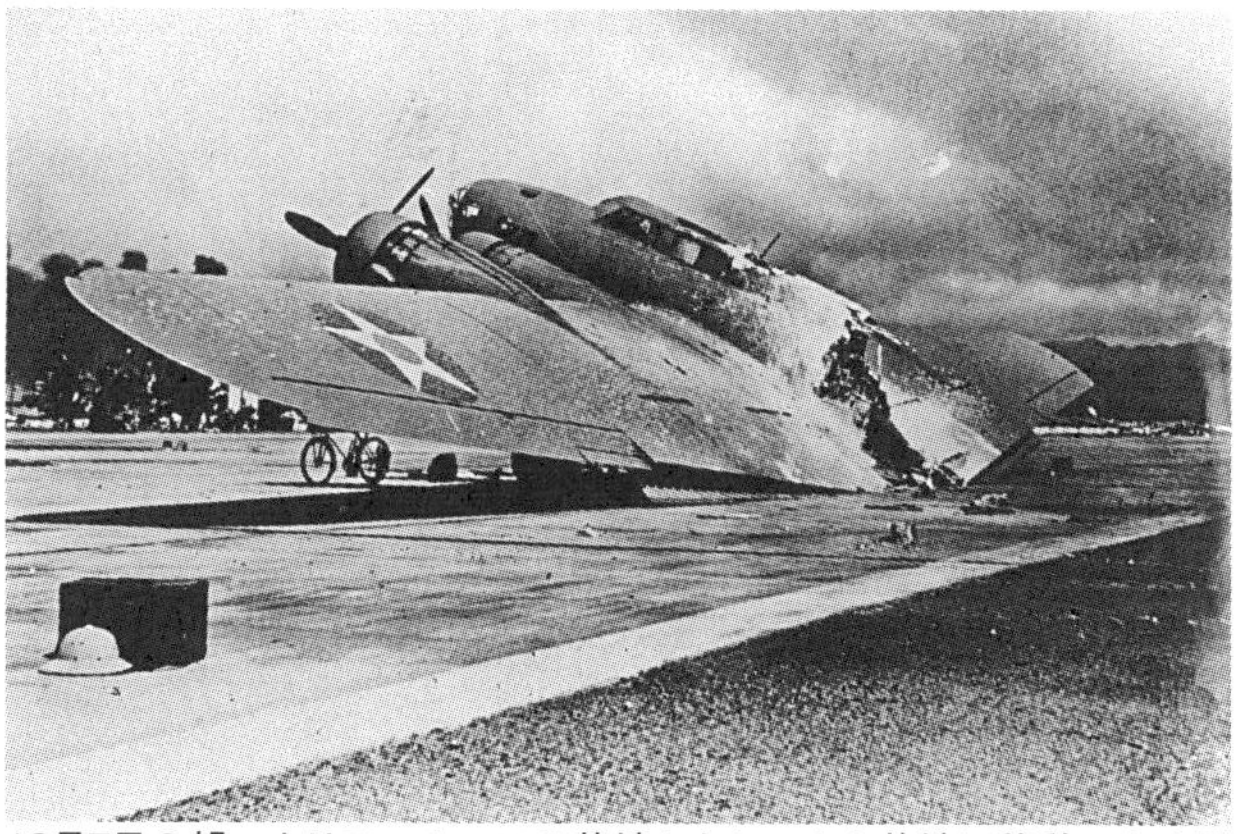

12月7日の朝、カリフォルニアの基地からヒッカム基地に移動のため飛来したB-17重爆撃機の編隊は戦闘に巻き込まれ、その大半は緊急着陸と同時に破壊されてしまった。

撃を受け、高橋赫一少佐指揮の「翔鶴」急降下爆撃隊二六機の二五〇キロ爆弾にさらされた。さらに追い討ちをかけるように、志賀淑雄《しがとしお》大尉の「加賀」戦闘機隊が銃撃を繰り返した。そして三四機の爆撃機とともに、ハワイ航空廠の建物や格納庫、兵舎、各種施設はことごとく破壊してしまった。

　ヒッカムの混乱はこれだけではなかった。フォート・シャフターの情報センターが、オパナのレーダー基地がとらえた第一次攻撃隊の機影を〈カリフォルニアからやってくるＢ17の編隊〉と思い込んだ、そのＢ17一二機の編隊が、まさにこのときヒッカム飛行場への着陸態勢に入っていたのである。

日本軍機の爆撃で無残に破壊されたヒッカム飛行場の格納庫。

　トルーマン・ランドン陸軍少佐に率いられたこのＢ17爆撃機隊は、アメリカ西海岸の基地を飛び立ち、ヒッカムで給油をしたのちフィリピンに向かうことになっていた。すでに一四時間もの長旅をしてきた爆撃機は燃料も底を尽きかけていたし、武装もしていなかった。機銃はサビないようにグリースで塗り固められていた。

　ランドン少佐が断雲の隙間を抜けてオアフ島に近づいたとき、南の方角から戦闘機の編隊がまっしぐらにやってくるのが見えた。少佐は〈われわれを迎えにやってきたのだな〉と思った。ところがＢ17の編隊に突っ込んできた戦闘機群はいきなり機銃を発射してきた。胴体の日の丸が少佐の目に入った。

　ランドン少佐は機内電話に怒鳴った。

「畜生《ちくしょう》、日本機だ！」

　日本の零戦は執拗《しつよう》に追撃している。おまけに混乱した基地要員は敵味方の区別ができないらしく、さかんにＢ17にも射撃を浴びせてきた。少佐は急いで密雲を探し、避退運動に入った。そして眼下に目をやり、基地が煙と炎に包まれた地獄に変貌しているのを知った。しかし操縦士たちは、その地獄の基地に着陸を試みるほかはなかった。燃料もなければ応戦する武器もないからである。

　こうして九機のＢ17が火の海のヒッカム飛行場に着陸した。そのうちの一機は、零戦の攻撃で積んでいたマグネシウム照明弾が燃えだし、着陸したときには胴体の後ろ半分は完全に燃えきっていた。残る三機のうちの二機は、オアフ島北西岸にある緊急着陸用のハレイワの短い滑走路に降り、もう一機は南東海岸のベロース基地に緊急着陸した。

◯ベロース飛行場　フォード島南部東海岸にある飛行場で、主に偵察機の基地として使われていたが、第四四戦闘機中隊の仮訓練基地にもなっていた。当日の在機数はC47輸送機一三機と若干のP40戦闘機がいただけだったが、使用可能機は六機だけだった。

ベロース飛行場への第一波攻撃は、一機の戦闘機による機銃掃射だけだったため、一人の負傷者を出しただけですんだが、午前九時ころ、空母「蒼龍」の飯田房太大尉に率いられた第二次攻撃隊の制空隊九機が飛来、使用可能機六機はすべて破壊され、屑鉄と化してしまった。

◯ハレイワ飛行場　北部西海岸にあるこの飛行場は新設して間もなかったため、日本軍は存在を知らなかった。そのため、攻撃をまぬがれた唯一の飛行場であった。同飛行場には数機の戦闘機（P40とP36）と六人のパイロットがおり、彼等は代わる代わる飛び上がり、日本の零戦と激しい空中戦を交えた数少ない米軍機になった。そして米軍への報告では「敵機七機を撃墜した」といい、そのうちの一機はパイナップル畑に落ちていったという。

〈海軍航空基地〉

◯カネオヘ基地　陸軍のベロース飛行場の北、モカプ岬にある同基地は哨戒飛行艇基地で三六機の哨戒機が常備され、常時、ハワイ南方海域の哨戒飛行に当たっていた。この朝も三機のPBY哨戒機が日の出とともに離水、オアフ島南方の艦隊訓練海域を哨戒中であった。日本の第一次攻撃隊に先駆けて真珠湾に潜入しようとした一隻の特殊潜行艇を発見したのも、この三機のうちの一機だった。

カネオヘ基地への第一波攻撃は、陸軍のヒッカム、ホイラー飛行場とほぼ同時刻の午前七時五十分ごろ開始されている。第一波は零戦の戦闘機隊だったが、第二波は急降下爆撃隊だった。そのとき基地の海面には二九機の飛行艇が行儀よく浮かんでいたが、この戦闘機の機銃掃射と爆撃隊の攻撃で同基地に残っていたPBY機は全機が破壊、炎上した。

零戦隊の銃撃で使用不能になったP-40戦闘機。

日本の攻撃隊と空戦になり、カネオヘ海兵隊航空基地へ緊急着陸したPBY機の搭乗員を助けようと必死の海兵たち。

カネオヘ基地はすでに壊滅していたが、九時すぎ、日本の零戦隊は再び襲っていった。ベロース基地を無力化した第二次攻撃隊の飯田大尉率いる「蒼龍」戦闘機隊が移動してきたのだ。飯田大尉は兵器庫に銃撃を加え、藤田怡与蔵《ふじたいよぞう》中尉も低空で銃撃を繰り返していた。

　このとき、一人の米兵が兵器庫を飛び出し、自動小銃で飯田機に果敢《かかん》に挑んだ。兵士はサンズという兵器員だったが、メリーランド大学歴史学教授だったゴードン・W・プランゲは、その著『トラトラトラ』のなかでこう描写している。

——飯田大尉は上空で旋回して引き返すと、その兵器庫に対してもう一度新たな攻撃を加えた。飯田とサンズが発砲したのは同時であった。飯田大尉の銃弾は壁にばらばらと飛び散った。しかし、彼が機を引き起こして上昇したとき、彼の機からはガソリンが長い白い尾を引いて吹き出し始めていた。藤田中尉は飯田大尉がまず彼の機を、次いで地面を指して、編隊を解くように合図するのを認めた。飯田機をサンズが特にねらっていたと考えた一人の兵が、「オーイ、サンズ、あいつが引き返してくるぞ」とどなった。

　サンズは別の自動小銃をとったが、飯田大尉はエンジンを全開して、機銃を発射しながら突っこんでいった。そのことを初めから見ていた兵のガイ・C・エバリーは、そのときの情況を次のように言っている。

「銃弾がサンズのまわり一面に飛び散ったが、サンズは少しもひるまなかった。彼は彼の足元に向かって、うなりながら一直線に突っこんでくる零戦に対して射撃をし続けた。飯田機はサンズの頭上を飛び越す直前に射撃をやめ、そのまま地面に突っこんだ」

　妻帯士官の宿舎の近くの道路に突っこんだ飯田機は、エンジンが飛び散ってひっくりかえった。飯田大尉の体は文字どうり粉ごなになって飛び散った。飯田機はサンズの自動小銃の銃火をまともに受け、その瞬間に機の操縦を失ったように見えたから、飯田大尉は地面に激突する前に死んでいたにちがいない、とエバリーは確信している。

（略）

　海兵隊大尉R・S・D・ロックウッドは

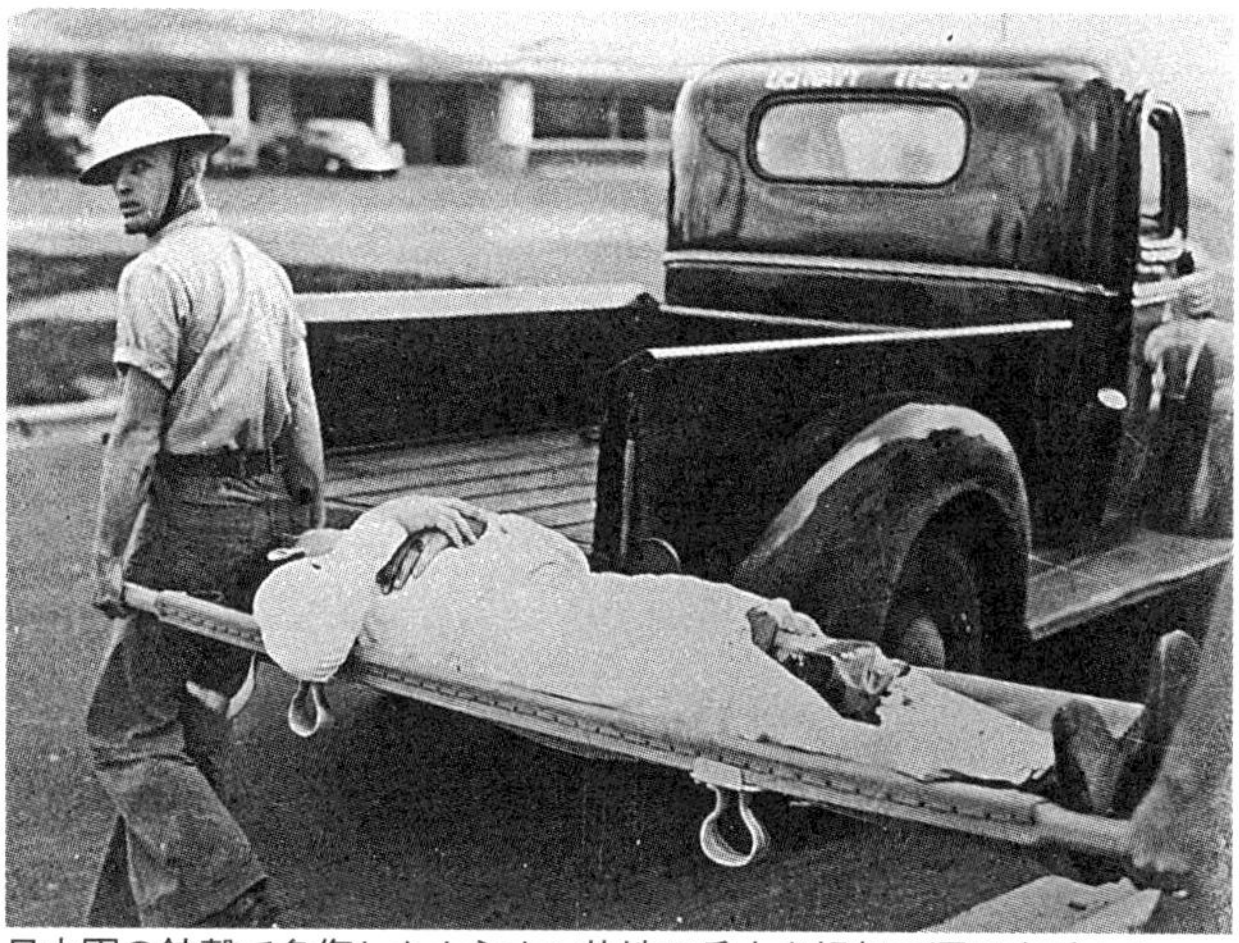

日本軍の銃撃で負傷したカネオヘ基地の兵士を担架で運ぶ海兵たち。

カネオヘ海兵隊航空基地で行われた米軍の戦死者合同葬儀。

皮製の上着からその勇敢な飛行士が飯田大尉であることを知ったが、遺体はあたり一面に飛散していたので、それを集め、大きなきれいな箱に収めた。それは遺体に敬意を払わなかったからではなく、当時の情況ではほかに適当な入れ物がなかったからであった。のちに飯田大尉の遺体は、収容されたすべての日本の戦死者の遺体といっしょに、アメリカの戦死者と同じく、名誉ある埋葬《まいそう》を受けた――

○フォード基地　戦艦群の錨地《びょうち》を目前にするフォード基地には三三機のPBY哨戒機が配備されていたが、この朝、四機を除く二九機すべてが地上の待機線に整然と並べられていた。日本の急降下爆撃隊と戦闘機隊にとっては絶好の獲物となり、地上のPBY機は格納庫などの施設とともにすべてが破壊か修理不能にされてしまった。同基地で無事だったのは、この日オアフ島南方海域で行われていた潜水艦との協同訓練に参加していた、前記の四機だけであった。

フォード基地が日本軍機の攻撃にさらされている真っ最中に、ハルゼー中将の空母「エンタープライズ」の艦上爆撃機一機と、一八機の哨戒機がフォード島の上空にやってきていた。それでも艦爆機は日本軍機の攻撃と味方の地上砲火をどうにかかいくぐって着陸に成功したが、一八機の哨戒機は四機が日本の零戦に撃墜され、一機は味方の対空砲火で海中に墜落した。そしてもう一機がカウアイ島に不時着するという大混乱に陥ってしまった。

日本の急降下爆撃機の攻撃で黒煙を吹き上げるフォード基地の施設。

○バーバースポイント

エバ飛行場　オアフ島の最南端・バーバース岬近くにあるこの二つの飛行場を、当初、日本はエバ飛行場一つと思っていた。どちらも海兵隊の基地・飛行場であるが、十二月七日の朝、バーバースとエバには戦闘機一一機、偵察兼爆撃機三二機の合計四三機が並んでいた。

日本軍の第一波は午前七時五十五分過ぎ、わずか二〇フィート（約六メートル）という超低空で襲ってきた戦闘機群だった。そして一五分後には急降下爆撃隊が来襲し、基地の飛行機は日本軍機の反復攻撃ですべてが撃破されてしまった。

こうして日本軍の米海軍基地攻撃は完璧といってもいい成果を上げている。この日、フォード島の海軍四基地に所属していた飛行機は合計一一二機。そのうち一〇三機が地上撃破され、あるいは使用不能になってしまった。生き残ったのはPBY哨戒機九機だったが、そのうちの七機は飛行中で不在だったし、二機は修理中だったから、日本の攻撃がいかに徹底したものだったかがわかる。

ちなみにヒッカム、ホイラー、ベロースの陸軍基地の航空機損害は、二四三機中一二八機だった。残存機数は修理中のものも含めて一一五機、約半数が攻撃をまぬがれている。しかし、ハワイの米航空機が壊滅的損害を被ってしまったことに変わりはなかった。

海と陸の孤独な戦い

第二次攻撃隊の最後の機が真珠湾の上空から姿を消したのは、前記したようにハワイ時間の十二月七日午前九時四十五分、東京では十二月八日の早朝、五時十五分だった。攻撃隊はそれぞれ母艦を目指し、東京時間の午前九時二十二分（現地時間午後一時五十分）には全生還機が母艦にたどり着いた。

真珠湾の米軍基地と泊地の艦隊の大半は壊滅的打撃を被ったが、南雲機動部隊首脳の戦況判断のまずさから石油貯蔵タンクは奇蹟的に無傷で残された。

帰艦した搭乗員はもちろん、航空参謀たちも当然、第二出撃があるものと思い、準備に追われていた。真珠湾に碇泊していた戦艦や各基地の航空機、施設はほぼ壊滅したと思われるが、フォード島とその周辺に密集している石油貯蔵タンクは戦果判定でも全く無傷のままである。さらに、直前まで確かに在泊していた空母「エンタープライズ」と「レキシントン」、それに随行する重巡洋艦も健在のはずだからである。

第二航空戦隊司令官の山口多聞《やまぐちたもん》少将は、旗艦「赤城」に「第二撃準備完了」と信号を送り、出撃を催促《さいそく》したといい、第三戦隊司令官の三川軍一《みかわぐんいち》中将も再攻撃を加えるべきであると意見具申したという。しかし、南雲忠一司令長官と草鹿龍之介参謀長は第二撃を断念し、引き揚げを決意した。

草鹿参謀長はその理由をこう語っている。

「そもそも真珠湾攻撃の大目的は、敵の太平洋艦隊に大打撃を与えて、その進攻企図を挫折《ざせつ》させるにあった。だからこそ攻撃は一太刀と定め、周到なる計画のもとに手練の一撃を加えたところ、奇襲に成功しその目的を達成することができた。機動部隊の立ち向かうべき敵はまだ一、二にとどまらない。いつまでも獲物に執着すべきでなく、すぐ他の敵に対する構えが必要であるとして、何の躊躇もなく南雲長官に進言して引き揚げることに決した。『なぜもう一度攻撃を反復しなかったか』『工廠や油槽を破壊しなかったのは何故か』などの批判もあるが、これは、いずれも兵機戦機の機微《きび》に触れないものの戦略論であると思う」（戦史叢書『ハワイ作戦』より）

日本軍の第二撃断念は、アメリカにとっ

ベロース・ビーチに座礁した酒巻艇長の特殊潜航艇。酒巻少尉は海岸に打ち上げられて失神しているところを米軍に捕らわれ、太平洋戦争の捕虜第1号となった。

ては不幸中の幸いであった。戦後、日米双方から、この第二撃断念についてのさまざまな論議が巻き起こったが、アメリカ軍自身、日本が戦艦群だけの攻撃で作戦を中止しようとは思わなかったという。その第一の理由は、石油貯蔵施設を無傷で残したことだった。もしハワイの石油施設が破壊されていたならば、以後のアメリカの南方作戦は重大な危機に見舞われ、おそらく数カ月は行動不能に陥ったであろうといわれている。

それはともあれ、機動部隊は針路を北々西に反転し、一路帰途についたのだった。だが、ハワイではまだ何人かの日本兵が孤独な戦いをつづけていた。

五隻の特殊潜航艇のうち、酒巻和男《さかまきかずお》少尉と稲垣清《いながききよし》二曹（艇付）が乗る潜航艇は出撃前からジャイロコンパス（転輪羅針儀《てんりんらしんぎ》）が故障していた。海中深く目標に肉薄して魚雷を放つ特殊潜航艇には、ほとんど水上航走は許されない。唯一の「目」であるジャイロコンパスこそが命の綱であり、最大の武器といってもいい。そのコンパスが、必死の整備にもかかわらず、ついに出撃時までに直らなかったのである。

母艦の伊号第二四潜水艦司令の花房博志《はなぶさひろし》中佐は、出撃地点に達したとき酒巻少尉に聞いた。

「酒巻少尉、いよいよ目的地にきた。ジャイロが駄目になっているが、どうするか」

「艦長、行きます」

酒巻少尉は潜望鏡による水上航走に期待をかけたのである。同時に、ここまできて攻撃を中止したら、今までの労苦が水泡に帰してしまうという責任と使命感も強く支配していたと、氏は後に記している。

こうして酒巻艇は予定時刻に母艦を発進したが、最初のアクシデントは早くも発進直後にきた。発進と同時に釣合《つりあい》が悪く、エンジンを動かすと艇は海中から空中に跳り出てしまうのだ。それでも二人はバラストを移動させたりしてなんとか艇を進ませていた。酒巻少尉が戦後に著した手記『捕虜《ほりょ》第一号』によれば、「この作業のために、たぶん二、三時間はすぎてしまっただろう」という。

ジャイロコンパスの利かない酒巻艇はカ

真珠湾攻撃に参加した特殊潜航艇５艇の乗組員10名は、酒巻少尉を除いて全員が戦死した。日本軍と政府は９名を「軍神」として国民にアピール、戦意高揚に利用した。

1960年7月15日、真珠湾港外から引き上げられた特殊潜航艇。

ンを頼りに航走する。そして、まもなく真珠湾口かと潜望鏡を上げると、そこは一面の海原であった。何度も方向を変え、酒巻少尉と稲垣二曹は必死で湾口を目指した。夜はすっかり明け、攻撃予定時刻も過ぎていく。そして米軍の監視艇に発見されて一回目の爆雷攻撃を受ける。体が宙に浮き、隔壁《かくへき》に叩きつけられる。再び爆雷攻撃を受ける。

　酒巻少尉は潜望鏡を出したままで監視艇線の強行突破をこころみた。潜望鏡を回すと真珠湾内に立ち上ぼる巨大な黒煙が現れた。二人は「やったな！」と興奮に包まれた。空中部隊の成功を見た酒巻艇は遮二無《しゃにむ》二《に》突き進んだ。そして強行突破が成功するかに思えた瞬間、艇は激しい衝撃音を発して珊瑚礁に座礁してしまった。

　どうにか離礁に成功した酒巻艇は、その後も駆逐艦と監視艇に追い回され、爆雷攻撃を受けながらも湾内突入を図った。だが、そのうちに二基の魚雷発射装置は壊れ、艇内は圧搾《あっさく》空気やバッテリーのガスが洩《も》れて次第に呼吸もままならなくなってきた。こうして酒巻艇はその後も何度か座礁を繰り返し、気を失い、突入を諦めて集合地点のラナイ島を目指したのである。そして目指す島影を発見したとき、艇はまたもや座礁してしまった。

艇はもはや動かなかった。バッテリーの電力を使い果たしてしまったのである。酒巻少尉と稲垣二曹は潜航艇の爆破装置に点火してハッチを開き、海中に飛び込んだ。東の空が白みはじめ、まもなく夜は明けようとしている。二人は声を掛け合いながら、夜明けの冷たい海を泳いだ。いつの間にか稲垣二曹の声が聞こえなくなっている。

「海中へとびこんでから十分位、艇から二十米位はなれた頃であったろうと思うが、私はまだ艇の爆破音を聞いていない。その心配が、私に艇へ帰らせようとする衝動をおこさせた。しかしもうそのとき、泳ぎもどるどころか、前へも後へも、泳ぎすすむ元気を消失していた。私の心は、艦艇を完全に爆破していないという自責の懊悩《おうのう》に激しく痛んだ。そして、私の精力は加速度的に抜けていった……」（前出書）

太平洋艦隊真珠湾在泊艦艇

（×は撃沈、△は損傷を示す）

〔**太平洋艦隊**　ハズバンド・E・キンメル大将〕

戦艦：×オクラホマ、×カリフォルニア、×ウェストバージニア、×アリゾナ、△テネシー、△メリーランド、△ペンシルバニア、△ネバダ

重巡：ニューオーリンズ、サンフランシスコ

軽巡：△ヘレナ、△ホノルル、△ローリー、セントルイス、フェニックス、デトロイト

駆逐艦：△カッシン、△ショー、△ダウンズ、ほか27隻

その他：×ユタ（標的艦）、×オグララ（敷設艦）、△ベスタル（工作艦）、△カーチス（水上機母艦）など49隻

各航空基地における航空機損害（米側判定）

フォード基地	哨戒機27機（空襲前33機）
ヒッカム基地	爆撃機34機（空襲前72機）
ホイラー基地	戦闘機88機（空襲前158機）
バーバス基地	戦闘機・偵察兼爆撃機43機（空襲前43機）
カネオへ基地	哨戒機33機（空襲前36機）
ベロース基地	偵察機６機（空襲前13機）
〔合計	231機〕

注①真珠湾攻撃調査委員報告は飛行機の完全喪失は188機としている。

注②空襲部隊が報告した空中戦闘での撃墜機数は17機

注③人的損害

・戦死　2402名（海軍2004、海兵隊108、陸軍222、一般市民68名）

・戦傷　1382名（海軍912、海兵隊75、陸軍360、一般市民35名）

海岸に打ち上げられて失神していた酒巻少尉が気を取り戻したとき、そこには日系の米軍軍曹が立っていた。こうして酒巻少尉は太平洋戦争の捕虜第一号として米本土の収容所に送られるのである。そして、酒巻少尉がラナイ島と思ったのはオアフ島南東のベロース基地に近い海岸だった。

こうして日本軍の真珠湾攻撃は、さまざまな形で終わりを告げた。だが、真珠湾攻撃の終章は、アジアの民二〇〇〇万、日本国民三〇〇万余の命を奪う戦争の第一歩であり、新たな世界大戦の第一章となる。

翌十二月八日（ワシントン時間）、アメリカのルーズベルト大統領は上下両院議会の演説で「卑劣なだまし討ち」と激しく日本を非難し、「十二月七日はアメリカの汚《お》辱《じょく》の日」であると絶叫、対日戦の決議案を読み上げた。両院は全員一致で賛成し、それまでイギリスが求めていた対ナチスの世界大戦への参戦も高らかに宣言した。山本五十六大将が当初抱いていた真珠湾攻撃の効果――米太平洋艦隊を撃滅してアメリカ国民の厭戦《えんせん》気分を醸成し、早期講和に持ち込むという〝幻想〟は、このとき音を立てて崩れ去ったのだった。

おわりに――
真珠湾「十二月七日の追悼式典」
December 7th Observance

現在も真珠湾に沈んでいる戦艦「アリゾナ」をまたぐ格好で造られた白亜のアリゾナ記念館（アリゾナ記念館）

真珠湾を忘れるな、アメリカよ、油断するな――ハワイ真珠湾にある国営アリゾナ記念館（USS Arizona Memorial）では、毎年、日米開戦の劈頭《へきとう》、日本軍の真珠湾攻撃によって死亡した戦艦「アリゾナ」の乗組員を慰霊する「十二月七日の追悼《ついとう》式典」（December 7th Observance）を行っている。式典には真珠湾生存者協会、艦隊予備役協会、傷痍軍人会、米国在郷軍人会など一〇数の団体が参列する。

私は一九九〇年十二月七日（日本時間八日）に行われた四十九回目の記念式典に参加したことがある。実は、その数日前からアリゾナ記念館ビジターセンター内の資料室で取材をしていたところ、担当官から「式典に参加したら……」と勧められたからだった。

その日の朝も、日本軍が奇襲した一九四一年（昭和十六）の朝と同じく真珠湾は天候に恵まれ、早暁の朝靄《あさもや》が晴れた湾岸一帯には朝の陽がさんさんと降りそそぎはじめていた。その朝日を浴びながら、真珠湾に浮かぶフォード島の対岸にある国立公園内のアリゾナ記念館ビジターセンターには、人々が次々とつめかけていた。オープンシャツに半ズボン姿のラフな恰好の人々に交じって、陸軍や海軍の制服に身をつつんだ人、私服の胸にずらり勲章をつけた人、松《まつ》葉杖《ばづえ》に身を委《ゆだ》ねた人の姿もあった。日本人らしき姿はほとんどない。

私は、それら多くのアメリカ人に交じって朝露に濡れた公園の芝生の中にいた。対岸のフォード島の岸辺に沈む戦艦「アリゾナ」を保存する純白の記念館が、朝日にまぶしい。日本でいうならさしずめ広島や長崎の原爆記念日に相当するのだろうか。式典参列者の大半は「日本の騙《だま》し討《う》ち」を思い浮かべ、肉親や戦友の死に、怒りと悲し

海底に沈む「アリゾナ」と記念館に祀られている戦死者を悼むため、星条旗を先頭に陸・海・空・海兵４軍の軍旗が旗手によって掲げられる。

「12月7日の追悼式典」が開始され、ビジターセンター前の国立公園内からアリゾナ記念館に向けて21発の弔砲を撃つ海兵隊の儀仗兵。

追悼式典に招かれた人々。

みを新たにして会場へ足を運んできたに違いない……。そう思うと、軍隊を経験しない世代でありながら、私は攻撃側の日本人であるということだけで、なぜか身の縮む思いにとらわれていた。

午前七時四十分、式典は米陸・海・空・海兵四軍旗の入場に続き、アリゾナ記念館監督官（館長）の開会の辞で始められた。それは、四九年前のこの日、日本海軍の六隻の空母から発進した一八三機の第一次攻撃隊が真珠湾のあるオアフ島北端のカフク岬を視界にとらえ、総指揮官淵《ふち》田《だ》美《み》津《つ》雄《お》中佐（空母「赤城」飛行隊長）が全機に展開を命じる信号拳銃を発射した時刻と同時刻である。

午前七時四十五分、式典会場では米海軍の従軍牧師による祈祷《きとう》が始められる。ここで私は、式典が日本軍の攻撃手順に合わせて進行されているのに気がついた。記録によれば、淵田中佐が電信員に「全軍突撃せよ！」を意味するト連送の電鍵をたたかせたのが七時四十九分、そして「我、奇襲に成功せり」の暗号電「トラ・トラ・トラ」を発信したのが七時五十二分だった。牧師の祈禱の真っ最中にあたる。午前七時五十五分、式典会場は一分間の黙禱《もくとう》に入った。

巡洋艦の甲板に白い制服で並び、「アリゾナ」に挙手をする乗組員。

海面に露出している「アリゾナ」の煙突の基部。

日本軍の急降下爆撃隊がヒッカムおよびホイラー飛行場に第一発目の爆弾を投下した時刻だ。

黙祷が終わる。突然ジェット機の編隊爆音が近付き、かつて日本軍の攻撃で沈没したり大破した戦艦群が碇泊していたフォード島の上空を旋回飛行する。時を同じくして湾の北東から一隻の米艦が静かに入ってきた。甲板の縁《ふち》には「アリゾナ」に敬意を表するために、真っ白い制服に身を包んだ乗組員が挙手の姿勢で一列に並んでいる(Manning the rail)。米艦は、日本の雷撃隊が米戦艦群に向かって魚雷攻撃を開始した七時五十七分、いまだ海底に眠る「アリゾナ」の傍らを無言のうちに通過した。式典会場では捧銃《ささげつつ》をした七名の海兵隊儀仗《ぎじょう》兵が海辺に向かう。指揮官の号令が短く飛ぶ。サッと中空に構えた七人の小銃が一斉に火を吹く。一回、二回、三回、二一発の弔砲《ちょうほう》が朝の真珠湾に乾いた音を残し、追悼式典の公式行事は終了した。

日本の真珠湾攻撃で被害を受けた米太平洋艦隊の艦艇は大小合わせて一七隻に及んだ。このうち旗艦「ペンシルバニア」をはじめとする八隻の戦艦はすべて攻撃を受け、沈没、あるいは大破という壊滅的損害をこうむった。しかし、被害がはなはだしい「アリゾナ」と「オクラホマ」を除く戦艦はその後、艦船修理隊によって引き上げられ、修理・改造されて対日戦に投入された。「オクラホマ」は引き上げられてスクラップ化されたが、火薬庫が爆発して船体が真っぷたつになった「アリゾナ」は、現在も沈没地点に沈んだまま保存されている。

運命の十二月七日の朝、「アリゾナ」に乗り組んでいた艦員は一四六六名。そして凄まじい爆発と火災に生き残った者は、わずか二八九名にすぎなかった。残る一一七七名は艦と運命をともにしている。日米開戦後、これら戦死者の遺体収容作業が行われたが、収容されたのは七五名だけで、残

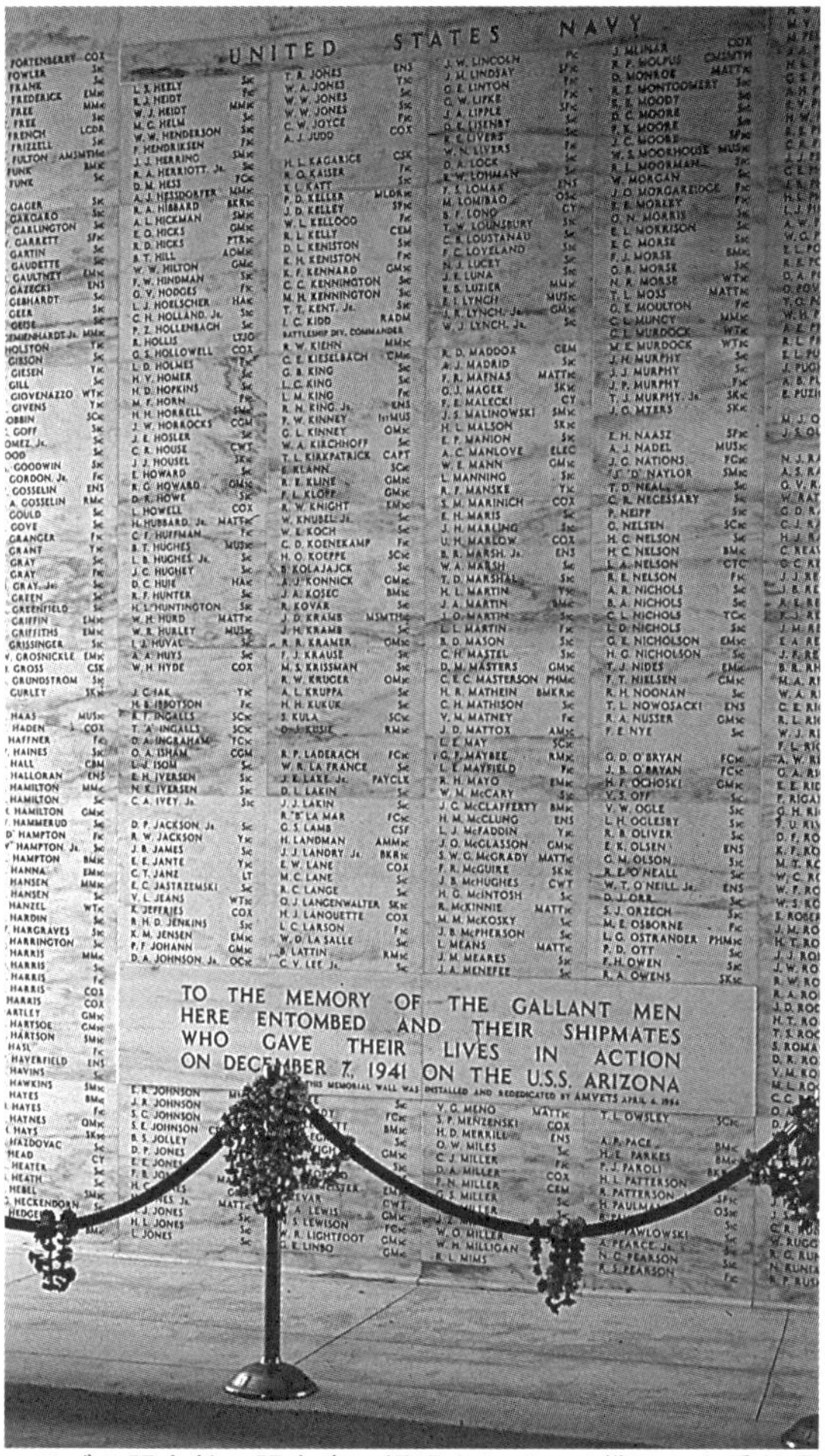

アリゾナ記念館の記念廟に掲示されている戦死した乗組員1177名の氏名。2016年12月に真珠湾を訪れた安倍晋三首相とオバマ米大統領も、この記念廟に献花された。

記念館から眼下に沈む「アリゾナ」を見つめる参列者たち。

係官から一輪の献花と戦死者の名前が書かれた紙をもらう参列者。

沈んでいる「アリゾナ」の上を静かに流れていく献花。

り一一〇二名の遺体は「アリゾナ」を永遠の墓場として今も真珠湾に眠っている。

「十二月七日の追悼式」に参列した人々は、記念館の係官から一輪の献花と「アリゾナ」の戦死者名（一名）が書かれた小さな紙片をもらい、ランチに乗ってアリゾナ記念館へ向かう。乗船前は陽気な話し声も聞かれたが、船が記念館に近づくにしたがい、沈痛な表情と沈黙が船内を覆いはじめた。

フォード島の岸壁に沿って建つ純白の記念館は、永遠に眠る「アリゾナ」を跨《また》ぐ恰好で作られ、二・一メートル下に沈む巨艦の艦首から艦尾にいたるまではっきり見えるように設計されている。

赤サビた艦体の間を泳ぎ回る小魚に交じって、時折プクッ、プクッと波紋が広がる。艦内に残る油類がいまだに流れ出しているのだという。その油紋を目掛けるかのように、人々は追悼式で渡された一輪の花を一つ、二つと落としていた。見学の若い兵士たちは不動の姿勢で挙手をし、花と紙片を艦上に落としている。死者の名前が書かれた紙片は陽光に反射しながらヒラヒラと海面に舞い降り、献花に寄り添うようにしてゆっくりと流れていく。一九四一年十二月七日の悲劇を嚙《か》みしめるかのように……。

【著者プロフィール】

平塚柾緒（ひらつか・まさお）

1937年茨城県生まれ。取材・執筆・編集グループである太平洋戦争研究会、近現代フォトライブラリー主宰。主な著書に『ブラック・チェンバー』（訳・荒地出版社）、『GHQ知られざる諜報戦・新版ウィロビー回顧録』（編・山川出版社）、『ヤマモト・ミッション』（PHP研究所）など多数。近著に『写真で見るペリリューの戦い』（山川出版社）、『玉砕の島々』『日本空襲の全貌』（いずれも洋泉社）、『太平洋戦争裏面史　日米諜報戦』『八月十五日の真実』（いずれもビジネス社）などがある。

【写真提供＆主要出典】

アリゾナ記念館
アメリカ国防省
近現代フォトライブラリー
『噫山本元帥』（山本元帥編纂会）
『大東亜戦争海軍作戦寫眞記録』ⅠⅡ（大本営海軍報道部編纂）

写真で見る「トラ・トラ・トラ」
男たちの真珠湾《パールハーバー》攻撃

2017年3月19日　第1刷発行

著　者　平塚柾緒
発行者　唐津　隆
発行所　株式会社ビジネス社
〒162-0805　東京都新宿区矢来町114番地　神楽坂高橋ビル5階
電話03-5227-1602　FAX03-5227-1603
URL　http://www.business-sha.co.jp

〈カバーデザイン〉中村聡
〈本文DTP〉畑山栄美子（エムアンドケイ）
〈印刷・製本〉株式会社光邦
〈編集担当〉本田朋子　〈営業担当〉山口健志

ISBN978-4-8284-1941-1